• Guias Ágora •

Os Guias Ágora são livros dirigidos ao
público em geral,
sobre temas atuais, que envolvem
problemas emocionais e psicológicos.
Cada um deles foi escrito por
um especialista no assunto,
em estilo claro e direto,
com o objetivo de oferecer conselhos e
orientação às pessoas que
enfrentam problemas específicos,
e também a seus familiares.

Os Guias descrevem as características gerais
do distúrbio, os sintomas, e,
por meio de exemplos de casos,
oferecem sugestões práticas que ajudam
o leitor a lidar com suas dificuldades
e a procurar ajuda profissional adequada.

Dados Internacionais de Catalogação na Publicação (**CIP**)
(Câmara Brasileira do Livro, SP, Brasil)

Sheehan, Elaine
   Ansiedade, fobias e síndrome do pânico : esclarecendo suas dúvidas / Elaine Sheehan ; [tradução ZLF Assessoria Editorial]. — São Paulo : Ágora, 2000. — (Guias Ágora).

Título original: Anxiety, phobias & panic attacks
Bibliografia.
ISBN 978-85-7183-707-2

1. Ansiedade – Obras de divulgação 2. Ataque de pânico – Obras de divulgação 3. Fobias – Obras de divulgação I. Título. II. Série.

99-4447   CDD-616.85223
                                                  -616.8522
                                             NLM-WM 170

Índices para catálogo sistemático:

1. Ansiedade : Medicina   616.85223
2. Fobias : Medicina   616.8522
3. Síndrome do pânico : Medicina 616.8522

Compre em lugar de fotocopiar.
Cada real que você dá por um livro recompensa seus autores
e os convida a produzir mais sobre o tema;
incentiva seus editores a encomendar, traduzir e publicar
outras obras sobre o assunto;
e paga aos livreiros por estocar e levar até você livros
para a sua informação e o seu entretenimento.
Cada real que você dá pela fotocópia não autorizada de um livro
financia o crime
e ajuda a matar a produção intelectual de seu país.

Ansiedade, Fobias e Síndrome do Pânico

Esclarecendo suas dúvidas

Elaine Sheehan

ÁGORA

Do original em língua inglesa
Anxiety, phobias and panic attacks
Copyright © 1996 by Elaine Sheehan
Primeiramente publicado na Grã-Bretanha, em 1996,
por Element Books Limited, Shaftesbury, Dorset.

Tradução:
ZLF Assessoria Editorial

Capa:
 Ilustração: Bridgewater Books
 Finalização: Neide Siqueira

Editoração eletrônica e fotolitos:
JOIN Bureau de Editoração

Proibida a reprodução total ou parcial
deste livro, por qualquer meio e sistema,
sem o prévio consentimento da Editora.

Nota da Editora:
As informações contidas nos Guias Ágora
não têm a intenção de substituir
a orientação profissional qualificada.
 As pessoas afetadas pelos problemas
aqui tratados devem procurar médicos,
psiquiatras ou psicólogos especializados.

Todos os direitos reservados pela
 Editora Ágora Ltda.

 Rua Itapicuru, 613 – 7º andar
 05006-000 – São Paulo, SP
 Telefone: (11) 3872-3322   Fax: (11) 3872-7476
 http://www.editoraagora.com.br
 e-mail: editora@editoraagora.com.br

Ao meu marido Mark

Agradeço aos meus professores e particularmente aos meus pacientes, recuperados ou em recuperação, que são uma fonte inestimável de aprofundamento de aprendizagem.

Agradeço em especial àqueles que permitiram que seus nomes fossem citados neste trabalho. (Usei nomes fictícios para proteger suas identidades.)

Gostaria também de reconhecer minha dívida para com meu marido, o dr. Mark Sheehan, por seu apoio enquanto eu escrevia este livro e por sua contribuição ao Capítulo 9, sobre acupressão.

Sumário

	Introdução	9
1	A natureza da ansiedade	11
2	Quais são as causas dos transtornos de ansiedade?	19
3	Abrindo o caminho para o sucesso	29
4	Responsabilizando-se por você e por seus pensamentos	37
5	Usando sua imaginação	49
6	Relaxamento e auto-hipnose	59
7	Enfrentando a ansiedade	71
8	Explorando mais fundo	85
9	Outras maneiras de ajudar você a se apossar da sensação de liberdade	93
10	Ajuda de profissionais e de amigos	103
	Leituras complementares	110
	Índice remissivo	113

Eu realmente acredito que essas técnicas mudaram totalmente minha vida. Estou me sentindo muito mais feliz e confiante em relação ao futuro.

Julia

Introdução

A motivação da auto-ajuda é o fundamento de todo crescimento genuíno do indivíduo... a ajuda a partir de dentro invariavelmente fortalece.

Samuel Smiles

A manifestação de ansiedade pode variar de leve apreensão a completos ataques de pânico e fobias. Como em certa medida ela influencia quase todos nós, a maioria poderá se beneficiar com este livro. Vale a pena considerar a auto-ajuda quando seu problema não for muito grave ou se terapeutas profissionais não puderem ser prontamente contatados, ou ainda se você apenas estiver interessado em saber o quanto pode melhorar as coisas por si mesmo.

O objetivo deste livro não é abolir completamente a ansiedade. Isso não deve e, na verdade, nem pode ser feito. Certa quantidade de ansiedade é útil na vida, e nos incita a tratar dos problemas subjacentes a nossas tensões. O principal objetivo deste trabalho é ajudar você a desenvolver seus próprios mecanismos para enfrentar a vida, para que a ansiedade possa ser mantida sob controle em um nível razoável e saudável.

CAPÍTULO 1

A natureza da ansiedade

A maioria da humanidade vive em silencioso desespero.
                                        Henry David Thoreau

A ansiedade é freqüentemente descrita como um fenômeno moderno. Certamente é verdade que estamos hoje mais do que nunca conscientes dos efeitos que ela pode ter em nossas vidas. De tempos em tempos, todos nós nos sentimos ansiosos; ninguém está imune. O nível de ansiedade de um indivíduo em determinado momento se refletirá em seu comportamento. Dependendo do grau de ansiedade, esse efeito pode ser positivo ou negativo.

Como mostramos na Figura 1, graus leves de ansiedade podem ser úteis para realçar nosso comportamento ou, mais especificamente no caso de algumas tarefas em particular, nosso desempenho. O desempenho melhora à medida que a ansiedade aumenta até determinado nível; depois esse aumento causa uma completa desagregação do desempenho. Podemos considerar, portanto, que graus elevados de ansiedade podem ter um efeito notavelmente negativo no comportamento.

A REAÇÃO "LUTAR-OU-FUGIR" E A ANSIEDADE

Diante de uma adversidade, a reação normal universal do corpo é preparar-se para a ação: enfrentar ou escapar do perigo. Denominada reação "lutar-ou-fugir", é uma resposta essencialmente protetora, que estimula o sistema nervoso simpático (parte do sistema nervoso autônomo), provocando reações físicas como a mudança do padrão da respiração, um aumento no ritmo cardíaco e na tensão muscular. Isso pode ocorrer em antecipação a qualquer ameaça percebida, seja física, psicológica ou imaginária.

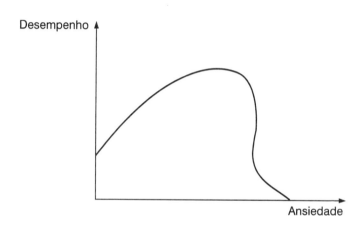

Figura 1. A relação entre ansiedade e desempenho
(A lei Yerkes-Dodson, 1908)

Ao enfrentar um perigo iminente *real*, que requer uma ação rápida e efetiva (por exemplo, ao ser atacado por alguém na rua), a reação "lutar-ou-fugir" é adequada e útil. Há ocasiões, no entanto, que ela pode se desencadear de maneira inadequada no corpo. No mundo em que vivemos, existe uma variedade de ameaças potenciais a longo prazo (por exemplo, o estresse causado pela falta de segurança no trabalho, ou pressões financeiras). Uma ação imediata e uma resolução rápida da situação nem sempre se apresentam como opções nessas circunstâncias; portanto, tentativas persistentes de enfrentá-las com a reação "lutar-ou-fugir" não apenas são injustificadas, como podem causar um esforço desnecessário ao corpo.

Em algumas pessoas, esse desencadear inadequado da reação "lutar-ou-fugir" só ocorre periodicamente e implica apenas períodos breves de tensão e esforço. Para outras, no entanto, essa é sua resposta cotidiana ao estresse. O sistema nervoso simpático dessas pessoas se mostra particularmente sensível e em constante estado de prontidão, o que provoca, em conseqüência, reações idênticas a acontecimentos ou situações que requerem ação imediata, e a percepção persistente de estresse. Isso pode levar a um estado crônico de ansiedade.

A manifestação física da ansiedade pode incluir palpitações, rigidez do tórax, suor, sequidão da boca, aumento da vontade de defecar ou urinar, dores de cabeça e tonturas. Psicologicamente, quem sofre de ansiedade com freqüência relata sintomas como sentimentos de medo, pânico e apreensão junto com a tendência a ter temas de desgraças dominando seus pensamentos (percepção).

TRANSTORNOS DE ANSIEDADE

Quando uma pessoa desenvolve manifestações de ansiedade físicas e psicológicas recorrentes na ausência de um estímulo provocador proporcional, ela provavelmente está sofrendo de um transtorno de ansiedade. Stafford-Clark *et al* (1990) definem assim o transtorno de ansiedade: "Um estado de ansiedade e apreensão contínua e irracional, algumas vezes desencadeando um medo agudo que chega ao pânico, acompanhado por sintomas de perturbação autônoma; com efeitos secundários em outras funções mentais como a concentração, a atenção, a memória e o raciocínio".

Os autores do *Diagnostic and Statistical Manual of Mental Disorders III* (1987) [Manual de Diagnóstico e Estatísticas de Transtornos Mentais III] estimam que 2% a 4% da população em geral, em algum momento, experimenta algum transtorno de ansiedade. A seguir veremos em detalhes cinco desses transtornos: transtorno de ansiedade generalizada, transtorno de pânico, transtorno de pânico com agorafobia, fobia social e fobia simples.

Transtorno de ansiedade generalizada (TAG)

> *Eu costumava descrever a mim mesmo como um "preocupado de nascença". Sempre ficava pensando no "e se", e esperando as coisas darem errado. Na realidade, as coisas nunca saíam tão ruins quanto eu temia. No entanto, isso não me impedia de, sempre que possível, evitar as situações que potencialmente poderiam dar errado.*
>
> John

O transtorno de ansiedade generalizada envolve a vivência de níveis de ansiedade persistentemente altos em um período superior a seis meses de duração. Os sintomas podem incluir tensão muscular crônica, hiperatividade que se autoperpetua, repetidos pensamentos sobre preocupações irrealistas e expectativas apreensivas. Geralmente o foco ansioso concentra-se em duas ou mais circunstâncias da vida, como emprego, finanças ou doenças. Embora os níveis da ansiedade flutuem — alguns dias sendo melhores do que outros —, ela sempre está presente na mente da pessoa. Os indivíduos com TAG não raro sofrem de baixa auto-estima e podem ser particularmente sensíveis a críticas, rejeição ou indiferença.

As pessoas com TAG quase sempre demonstram um comportamento pouco competitivo. Tendem a evitar as situações que podem gerar ansiedade. O fato de focalizarem preocupações irrealistas pode constituir um meio de evitar e fugir de imagens e pensamentos de uma situação temida ou de um problema real. Isso então impediria uma preparação emocional efetiva, o que, por sua vez, ajuda a manter a ansiedade generalizada.

Transtorno do pânico

Toda noite eu dormia com a televisão e a luz do quarto acesas. Era uma tentativa de não deixar minha mente pensar nos ataques de pânico que então tomariam conta de todo o meu ser. Meu coração disparava em ritmo tão rápido e forte que parecia que ia saltar do peito. Eu ficava sem ar e sentia suores quentes e gelados. Sentia-me tão só e pensava que ninguém poderia passar pelo que eu estava passando. É quase impossível para uma pessoa começar a entender o que é sentir isso se ela também não vivenciou uma experiência como essa.

Catherine

O transtorno ou a síndrome do pânico implica a vivência inadequada de um elevado estado de excitação equivalente ao que o corpo produziria na preparação para enfrentar um perigo real ou fugir dele. Essa resposta hiper-reativa do sistema nervoso autônomo pode levar a pessoa a sentir sintomas físicos associados à reação "lutar-ou-fugir" em situações cotidianas completamente inofensivas.

Os ataques de pânico podem ocorrer em resposta a determinados objetos, atividades ou situações nos transtornos fóbicos. No entanto, também podem surgir sem nenhum estímulo externo em pessoas que sofrem de fobias e nas que sofrem de síndrome do pânico. É por isso que muitos acreditam que os ataques de pânico podem ter origem biológica.

Coryell e Winokur (1991) observam que fortes evidências sugerem que muitos, talvez até a maioria, dos ataques de pânico sejam causados por padrões psicológicos internos de pensamento. Por exemplo, muitas pessoas que padecem dos transtornos de pânico ficam muito tensas ao pensar de antemão em situações que provocam medo, ou por antecipar nervosamente o próximo ataque ("medo do medo"). Elas também podem tender a interpretar os processos que acontecem em seu próprio corpo de maneira irracional e catastrófica. Isso pode resultar em problemas como o medo de desmaiar, ou o medo de perder o controle e criar uma situação constrangedora para si mesmas, ou até o medo de ter um ataque do coração e morrer.

À medida que a pessoa com sindrome do pânico se torna mais e mais preocupada com suas sensações físicas, um círculo vicioso de ansiedade pode se criar. Por exemplo, como se vê na Figura 2, se a pessoa sente palpitações, pode interpretar isso como um sinal de que um ataque do coração é iminente, o que acaba por criar mais ansiedade, levando por sua vez a um aumento das palpitações.

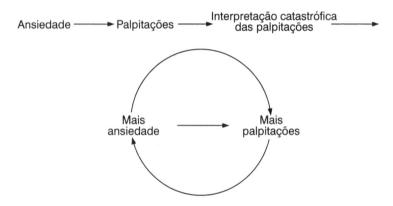

Figura 2. O círculo vicioso de ansiedade causado pelas interpretações errôneas de sensações físicas como palpitações

Transtorno do pânico com agorafobia

Alguns meses depois de sofrer meu primeiro ataque de pânico me sentia incapaz de levar uma vida "normal". Nas situações cotidianas, como ir ao supermercado ou a um restaurante, minha mente se enchia de pensamentos apreensivos, meu coração disparava e eu me sentia obrigado a deixar o que estivesse fazendo e ir ao banheiro. Até que comecei a deixar de sair. Não conseguia enfrentar o trabalho ou mesmo a companhia de amigos. Tudo parecia excessivo para mim. Eu sentia que iria enlouquecer. A pior coisa era não saber, não compreender o que estava acontecendo comigo.

David

As fobias podem ser definidas como temores excessivos, irrealistas, incontroláveis, que são iniciados por objetos, atividades ou situações específicos. Diferenciam-se dos temores comuns porque persistem por um período longo de tempo, são irracionais e o paciente sistematicamente evita o fator que desencadeou o processo. O termo "agorafobia" se origina das palavras gregas *phobos* ("medo, pânico") e *agora* ("praça pública"); portanto, pode ser traduzido como "medo de lugares públicos". Os que sofrem de agorafobia comumente apresentam ataques de pânico.

Em comparação com outros estados fóbicos, a agorafobia envolve um sentimento mais geral de insegurança. Há o temor e a necessidade de evitar lugares cheios, onde a fuga poderia ser difícil, ou lugares isolados, onde não haveria ajuda próxima. Muitos pacientes podem se transformar em prisioneiros dentro de suas casas; alguns passam a ter medo até de ficar a sós no próprio lar.

Fobia social

> *Eu tinha um problema de enrubescimento e me sentia muito inibido em todas as situações sociais. Acreditava que todos olhavam para mim, achando que eu era bobo e estúpido. Eu passava a analisar cuidadosamente minhas idéias antes de expressá-las em qualquer conversa. Na maior parte do tempo, entretanto, eu simplesmente ficava sentado achando que não tinha nada a dizer e imaginando como escapar do lugar em que estava sem chamar muito a atenção. Cheguei a um estágio em que evitava ir ao supermercado com medo de encontrar algum conhecido.*
>
> Jean

As pessoas com fobia social têm medo de várias situações que envolvem os outros. O elemento mais comum dessa fobia é o medo de ficar embaraçado ou de ficar visivelmente ansioso quando observado. Alguns pacientes também sofrem ataques de pânico. Atividades como ir a restaurantes, bares ou festas passam a ser evitadas.

Fobia simples

> Eu sempre me senti nervosa em aviões. Acho que uma das razões para isso era que meu pai tinha medo de voar. A primeira vez que entrei num avião já tinha 21 anos de idade. Era um vôo para Portugal e só consegui encarar o assunto com a ajuda de vários drinques! Um ano consegui evitar uma viagem de férias porque tinha um bebê e realmente não podíamos pagar as despesas. No ano seguinte fomos de novo para Portugal. Dessa vez achei a experiência ainda pior porque já sabia previamente que o vôo iria ser horrível para mim. Depois disso a coisa ficou tão séria que comecei a evitar totalmente viajar de avião. Todos os anos íamos a um acampamento de férias na França. Não havia nenhum problema em fazer a travessia de navio; o meu medo, até hoje, é ter de voar novamente.
>
> Angela

As fobias simples envolvem o medo de um objeto, atividade ou situação específicos que, então, passam a ser evitados. Tais fobias não tendem a interferir na vida das pessoas de forma muito intensa. Por alguma razão, as fobias simples parecem sempre ter nomes complicados! Algumas das mais comuns são listadas a seguir, na figura 3.

Nome da fobia	*Medo*
Acrofobia	Altura
Aerofobia	Voar
Aracnofobia	Aranhas
Astrofobia	Raios
Belonofobia	Agulhas
Claustrofobia	Espaços fechados
Hematofobia	Sangue
Hipofobia	Cavalos
Ereutofobia	Enrubescer
Literofobia	Escola, leitura

Figura 3. Algumas fobias simples mais comuns

CAPÍTULO 2

Quais são as causas dos transtornos de ansiedade?

Infelicidade, ansiedade e depressão são agora mais comuns do que em qualquer período anterior de nossa história.

Vernon Coleman

Não existe uma explicação única e satisfatória para a ocorrência de transtornos de ansiedade. Na tentativa de compreender como eles se desenvolvem, uma série de fatores deve ser explorada, tais como predisposição genética, a criação, conflitos internos, ansiedade como resposta adquirida, fatores físicos, solilóquios, capacidade de enfrentar os problemas e determinantes sociais. As melhores explicações para as causas dos transtornos de ansiedade devem levar todos esses elementos em consideração.

Predisposição genética

Analisando a literatura específica, Snaith (1991) conclui que as pesquisas sugerem haver um componente hereditário de suscetibilidade para a ansiedade. Quanto mais "vulnerável" for a pessoa nesse sentido, menos estresse será necessário para provocar um transtorno de ansiedade. Para algumas pessoas, o estresse cotidiano pode ser suficiente para provocar um processo grave de ansiedade. Para os que não têm essa predisposição, apenas uma situação extrema daria início a um estado de ansiedade.

A criação

A capacidade de enfrentar o estresse pode ser influenciada pela criação. Por exemplo, se os pais são inseguros e superprotetores e consideram o mundo um lugar assustador, isso pode levar seus filhos a experimentarem medos irracionais. O fracasso em formar uma ligação afetiva com uma ou mais pessoas fundamentais nos primeiros anos da infância pode resultar numa ansiedade perpétua em relação ao abandono e à rejeição (Bowlby, 1973).

Conflitos internos

A teoria psicanalítica, que tem origem na obra de Freud, sugere que a ansiedade se desenvolve quando existe um conflito interno entre o instinto e o treinamento social e a consciência. O indivíduo pode ou não ter consciência desse conflito. As fobias podem ser a representação simbólica da perturbação interior resultante. Uma pequena capacidade de enfrentamento pode levar o indivíduo à posição de negação ou de desconhecimento do conflito. A ansiedade associada ao conflito passa, então, a se ligar a um objeto, atividade ou situação externa que pode ser evitada com maior facilidade.

A ansiedade como resposta adquirida

No caso dos transtornos fóbicos de ansiedade, em particular, pode ser que para algumas pessoas um acontecimento desagradável, assustador ou traumático esteja ligado ao início da fobia. Nesse sentido, uma reação temida pode, por condicionamento, vincular-se a um estímulo que normalmente não provocaria uma reação de ansiedade.

Os psicólogos se referem ao processo que ocorre quando um organismo aprende que dois estímulos tendem a ocorrer juntos como "condicionamento clássico". No começo do século XX, algumas experiências interessantes nesse campo foram realizadas pelo russo Ivan Pavlov, ganhador do Prêmio Nobel. Ele observou que um cachorro poderia aprender a associar a visão de um prato de comida ao gosto do alimento. Ao ver o prato, o cachorro salivaria, uma reação que normalmente só acontece quando a comida é colocada em sua boca. Pavlov, então, testou e demonstrou que um cachorro poderia ser ensinado a associar a comida a outro estímulo.

Uma das experiências desenvolvidas por Pavlov era acender uma lâmpada, fato ao qual o cachorro não reagia com a salivação. Logo depois, ele lhe oferecia um pedaço de carne. Acontecia a salivação. Depois de repetir esse processo muitas vezes, a luz era acesa mas nenhuma comida era oferecida. O cachorro, de todas as maneiras, salivava. A luz, que normalmente não produziria uma reação de salivação, ficara associada à carne.

Um estudo — cujos aspectos éticos são questionáveis — que demonstrava especificamente como uma fobia podia se desenvolver através do condicionamento clássico, foi realizado por Watson e Rayner (1920). Albert, um bebê de onze meses, demonstrava grande prazer quando via um coelho branco. Enquanto ele brincava alegremente com o animal, os experimentadores produziam um ruído muito alto por trás da cabeça de Albert. Todas as vezes esse ruído o assustava e o fazia chorar. O coelho era então retirado. Um pouco mais tarde, quando o coelho era trazido outra vez para brincar, a reação de Albert era chorar. O coelho, que inicialmente produzira uma reação de prazer, tinha sido então associado ao medo do barulho.

Apesar de algumas fobias poderem muito bem se desenvolver através do condicionamento, a teoria de simplesmente associar uma situação a um acontecimento traumático não parece oferecer uma explicação satisfatória para todas as fobias.

Fatores físicos

Qualquer doença física pode gerar uma sensação de ansiedade. Trata-se de uma reação natural. Uma vez diagnosticada essa doença e adequadamente tratada, a ansiedade relacionada a ela pode decrescer. Entretanto, certas enfermidades/drogas podem por elas mesmas aumentar os efeitos no sistema nervoso simpático, provocando as manifestações físicas de ansiedade. Por exemplo:

- A doença do coração que provoca ataque cardíaco pode causar palpitações e falta de fôlego. E também a taquicardia paroxismal benigna faz com que o ritmo do coração se acelere periodicamente.
- Alguns estados metabólicos (como os de hipoglicemia e acidose metabólica) podem provocar uma grande e inadequada secreção de suor (hiperidrose).
- Desequilíbrios endócrinos (como uma tireóide hiperativa) podem provocar palpitações.
- Algumas drogas podem provocar sintomas semelhantes aos experimentados por pacientes com transtornos de ansiedade: por exemplo, supressores do apetite que agem centralmente (como o dietilpropiona e a fentetramina) e outros estimulantes do sistema nervoso central (como a cafeína).

Solilóquio

O solilóquio de cada indivíduo e a maneira como ele estrutura o seu mundo podem influenciar em grande medida seu humor e seu comportamento. Em geral, quem sofre de algum transtorno de ansiedade tende a ter esse solilóquio de maneira negativa e ansiosa. Por exemplo, no capítulo em que tratamos da "ansiedade generalizada", observamos que focalizar persistentemente pensamentos com preocupações irreais pode, no mínimo, contribuir para a manutenção do transtorno. Também, como vimos na seção sobre o "transtorno do pânico", alguns indivíduos parecem inclinados a focalizar mais nos pensamentos e processos físicos pessoais do que no mundo exterior. Pensamentos assustadores sobre o que pode acontecer, mais do que os acontecimentos reais, dão início à ansiedade e ao pânico.

Haja ou não um componente físico no ataque de pânico inicial, parece-nos que a antecipação apreensiva do próximo ataque, bem como pensamentos irracionais e temerosos sobre as sensações físicas, podem criar um círculo vicioso de ansiedade e, conseqüentemente, provocar mais ataques de pânico. Isso foi demonstrado em um estudo realizado por Clark *et al* (1994). Nesse trabalho conclui-se que a interpretação equivocada das sensações físicas é o mais importante indício de sintomas subseqüentes e reincidência em pacientes com essa forma de transtorno de ansiedade.

Capacidade de enfrentar problemas

Os que sofrem de transtornos de ansiedade geralmente demonstram pouca capacidade de enfrentá-los. Ao invés de confrontar os problemas que os afetam, procuram evitá-los. Esse comportamento oferece apenas alívio temporário e, a longo prazo, torna as coisas mais difíceis. Podem se desenvolver ciclos de evitação da ansiedade ou do pânico; em decorrência produzem-se mais medo e ansiedade, o que por sua vez provoca mais evitação. Se aqueles que são íntimos da pessoa toleram o seu estilo de vida limitado, esse comportamento pode tornar-se uma opção fácil.

Determinantes sociais

Por mais forte que uma pessoa seja, se uma carga de estresse lhe é imposta por determinado tempo pode ser que ela se sinta incapaz de agüentar mais. O estresse fica particularmente evidente em tempos de mudança, quando é preciso lidar com a inevitável perturbação que a acompanha. Sobre esse aspecto, é interessante observar a escala classificatória de acontecimentos da vida, construída em 1967 por Holmes e Rahe (figura 4), dando uma pontuação a vários deles de acordo com o grau em que podem perturbar a vida de uma pessoa.

A importância relativa dos acontecimentos da vida como causas de transtornos de ansiedade é polêmica. Provavelmente isso depende da vulnerabilidade de uma pessoa ao estresse, o que por sua vez será influenciado pelas circunstâncias da vida e outros fatores que já discutimos. É muito possível que alguns acontecimentos possam atuar como "a gota d'água".

Muitos pacientes vêm ao meu consultório e me perguntam: "Por que estou assim?". Nem sempre é possível rastrear os transtornos de ansiedade até se chegar a uma causa específica. Mesmo se isso for possível, a pessoa pode então saber a razão para o transtorno, mas continuar a sentir o problema. Dito de outra maneira, entender a causa subjacente a um estado de ansiedade não garante, por si só, que as reações condicionadas de medo e o "hábito" ansioso que se fortaleceu com o tempo desaparecerão magicamente. Essas áreas requerem um trabalho específico. Se, no entanto, depois de trabalhar nisso durante algum tempo você ainda parecer longe de controlar a ansiedade, pode ser que as possíveis razões subjacentes para seu comportamento precisem ser examinadas.

A IMPORTÂNCIA DE UMA ABORDAGEM PSICOLÓGICA PARA A MUDANÇA POSITIVA

Segundo Coryell e Winkur (1991), podemos considerar que a ansiedade "normal" apresenta três componentes principais: 1) processos cognitivos (pensamentos); 2) excitação

Acontecimentos da vida	Pontuação
Morte do cônjuge	100
Divórcio	73
Separação conjugal	65
Prisão ou confinamento mental	63
Morte de um membro próximo da família	63
Doença/ferimento grave	53
Casamento	50
Ser demitido	47
Reconciliação conjugal	45
Aposentadoria	45
Mudança significativa na saúde ou no comportamento de um membro da família	44
Gravidez	40
Dificuldades sexuais	39
Família aumentada (nascimentos, adoção, vinda de parentes etc.)	39
Reajustes financeiros importantes	39
Mudanças importantes na situação financeira	38
Morte de um amigo íntimo	36
Mudança no campo de trabalho	36
Mudança brusca no número de desentendimentos com o cônjuge	35
Hipotecas, compra de casa, realização de negócios etc.	31
Execução de hipoteca ou empréstimo	30
Mudança importante de responsabilidade no trabalho	29
Filho/filha saindo de casa	29
Problemas com parentes por afinidade	29
Notável realização pessoal	28
Esposa começando/deixando de trabalhar fora de casa	26
Começando/terminando educação formal	26
Mudança importante nas condições de moradia	25
Mudança de hábitos pessoais	24
Problemas com o chefe	23
Mudança importante nas condições/horas de trabalho	20
Mudança de residência	20
Mudança para uma nova escola	20
Mudança importante no lazer	19
Mudança importante nas atividades religiosas	19
Mudança importante nas atividades sociais	18
Realização de empréstimos	17
Mudança importante nos hábitos de sono	16
Mudança importante no número das reuniões de família	15
Mudança importante nos hábitos alimentares	15
Férias	13
Natal	12
Violações pequenas da lei	11

Figura 4. Escala de acontecimentos da vida (impressa com permissão do Journal of Psychosomatic Research, *v. II, Holmes e Rahe, "The Social Readjustment Rating Scale", Elsevier Science Ltd., Pergamon Imprint, Oxford, England, 1967.)*

fisiológica; 3) estratégias de enfrentamento. Um ou mais desses componentes se torna anormal no indivíduo que está sofrendo um estado de ansiedade. Como já vimos, essas anormalidades incluem as listadas na Figura 5.

Um programa de controle dos transtornos de ansiedade deveria incluir maneiras de enfocar todas essas anormalidades na reação de ansiedade. A escolha do tratamento psicológico como a principal abordagem é particularmente aconselhável, pois ele pode satisfazer esse critério. (A Figura 5 mostra os tratamentos psicológicos que constituem o foco principal deste livro, e as reações anormais de ansiedade que eles podem beneficiar.) Além de ser capaz de enfocar diretamente as anormalidades da reação de ansiedade, a abordagem psicológica pode trabalhar de modo um pouco mais profundo, facilitando, quando apropriado, e com o trabalho terapêutico, a descoberta das possíveis razões psicológicas subjacentes a essas anormalidades.

No Capítulo 10 fazemos um esboço do tratamento médico atualmente disponível para lidar com os transtornos de ansiedade. A terapia com drogas jamais deve ser usada em lugar do aconselhamento ou das abordagens psicoterapêuticas. Comparada com o tratamento psicológico, ela apresenta muitos problemas, como resistência aos medicamentos, risco da dependência e preocupações com a recaída quando da suspensão do medicamento. Isso leva muitos especialistas, inclusive o dr. Eriksson *et al*, a aconselharem ser melhor evitar o uso de drogas como regra geral. O *Drug and Therapeutics Bulletin* [Boletim de Drogas e Terapias] (1993), editado por Joe Collier, conclui no artigo "Tratamento psicológico para a ansiedade — uma alternativa às drogas?" que: "Tratamentos psicológicos são uma alternativa efetiva para a terapia com drogas para pacientes com estresse agudo, transtorno de ansiedade generalizada, agorafobia e síndrome do pânico, e no geral resultam em menos recaídas quando o tratamento é interrompido".

	Reação anormal de ansiedade	Tratamento psicológico
Processos cognitivos	Pode haver preocupação excessiva com pensamentos negativos, interpretações equivocadas de sensações físicas e noções catastróficas em relação ao perigo potencial de circunstâncias cotidianas normais.	Pensamentos inadequados que podem ser responsáveis por provocar subseqüentes "sintomas de ansiedade" e recaídas podem se beneficiar muito com a *terapia cognitiva* (trabalhando de maneira positiva com esses pensamentos).
Excitação fisiológica	A excitação pode se tornar excessiva, chegando ao ataque de pânico em alguns indivíduos. (Isto pode incluir sintomas como ritmo acelerado do coração, tensão muscular, transpiração aumentada e mudança no padrão da respiração.)	Técnicas de *relaxamento* e *auto-hipnose* podem ser ferramentas úteis para reduzir a excitação fisiológica excessiva.
Estratégias de enfrentamento	Pode haver uma confiança no comportamento de evitação, levando o indivíduo a perder as chances de descondicionar a reação de ansiedade e de reavaliar o perigo real de determinada situação.	A *terapia cognitiva*, o *relaxamento* e a *auto-hipnose* podem ser também aliados importantes para desenvolver uma estratégia a fim de enfrentar mais positivamente os problemas de ansiedade.

Figura 5. Tratamento psicológico das anormalidades na reação de ansiedade

A boa notícia é que, não importa quão vulnerável se é à ansiedade, é possível aprender muitas formas de melhorar e de controlar a situação. Como diz o velho ditado: "Se você fizer sempre a mesma coisa, conseguirá sempre o mesmo resultado!". Este livro busca instrumentá-lo com novas habilidades que o ajudarão a incentivar mudanças positivas, e assim permitir que saia da viciosa espiral da ansiedade. Continue lendo e liberte-se!

CAPÍTULO 3

Abrindo o caminho para o sucesso

Uma coisa é certa no tratamento da ansiedade: não existem atalhos, e a cura exige esforço.

Kenneth Hambly

Antes de começar a pôr em prática as idéias apresentadas neste livro, é importante preparar o cenário para o sucesso. Muitos fatores podem influenciar os resultados que você obterá quando estiver trabalhando consigo mesmo. Eles incluem o desejo de que as coisas mudem, objetivos claros e expectativas realistas, o compromisso de ajudar a si próprio e a aceitação de sua situação. Vamos explorar cada um desses fatores.

O DESEJO DE QUE AS COISAS MUDEM

Esse problema era muito frustrante para mim. Eu queria tanto ser "normal".

Susan

Antes de mudar, é preciso *querer* essa mudança. Talvez seja útil listar o máximo de benefícios possíveis que podem ser obtidos como resultado do trabalho consigo mesmo. Tornar-se completamente consciente disso pode fortalecer sua motivação e o desejo de mudar.

Você pode pensar que ninguém gosta de ser ansioso ou temeroso, mas às vezes isso pode ter suas vantagens. Geralmente não continuamos a agir de uma determinada maneira se não estivermos ganhando algo com isso. A pessoa que se torna agorafóbica, por exemplo, pode descobrir que seu cônjuge e todos ao seu redor se tornam mais atenciosos; alguém faz suas compras, ela não precisa sair e ganhar a vida e as responsabilidades da vida são assumidas por outras pessoas. Esses benefícios, ou "ganhos secundários", podem servir como reforço e manter o próprio comportamento e os sentimentos que prejudicam a pessoa. Se ela abandonar a ansiedade e o medo, também perderá esses benefícios derivados de seus sintomas.

Em alguns casos, a mudança significa também ter que lidar com os problemas subjacentes aos sintomas. A mãe de uma criança deficiente, por exemplo, além de cuidar das necessidades especiais de seu filho, pode ter que lidar com uma miríade de outras tarefas — tais como lavar, limpar e fazer compras. A menos que tenha uma folga de vez em quando, pode ter problemas de exaustão física, particularmente se tiver outros filhos. Se ela se sentir estressada e chegar a um ponto de não agüentar mais, sua mente pode "ajudar", produzindo os sintomas de ataques de pânico.

Os ataques de pânico podem detê-la fisicamente e fazer com que descanse e tenha um tempo para si mesma. Podem também servir para que os que estão ao seu redor lhe dêem a atenção e a ajuda de que necessita. Isso mostra a natureza protetora da mente e como ela "cuida" de nós. As pessoas afetadas podem achar que esta é uma forma estranha de ver a situação, mas os sintomas podem estar agindo como "amigo", e não como "inimigo", a curto prazo. É uma maneira de lidar com o fato até que algo mais adequado apareça.

É importante que essa mãe lide com o problema subjacente à sua relutância de ser assertiva e de pedir ajuda. Ela precisa de tempo para cuidar de si mesma e de suas necessidades, assim como das de seus filhos. Assim, os benefícios dos ataques de pânico serão satisfeitos de outras maneiras mais saudáveis e adequadas. Desse modo, pode ser que os ataques não sejam mais "necessários".

Algumas pessoas têm uma motivação muito pequena para mudar porque ficam relutantes em abandonar os benefícios de seus sintomas, ou porque não querem confrontar e resolver o problema subjacente que pode estar na raiz dos sintomas. Freqüentemente farão apenas tentativas fracas para melhorar as coisas, e os resultados de seus esforços refletirão isso. De acordo com Roger e McWilliams (1991): "Se você não estiver ativamente envolvido em conseguir o que deseja, é que realmente não está querendo isso".

Antes de continuar esta leitura, decida se quer mudar de fato. Para conseguir o benefício máximo das técnicas deste livro, é preciso responder às seguintes questões:

- Em que sua vida será diferente e melhor quando tiver mudado?
- Você está tendo algum benefício com a situação atual que está vivendo? (O que o impediu de mudar até agora?)
- Como seria possível conseguir esse benefício de outra maneira?
- Existe algum problema subjacente que você deva enfrentar e resolver?

Você pode descobrir não ter resposta para todas essas questões em nível consciente. Por exemplo, às vezes as pessoas podem não ter consciência dos benefícios ou dos problemas subjacentes e das razões associadas com seu comportamento. No capítulo 8 iremos explorar os métodos para descobrir essas possíveis informações e como negociar vantajosamente com sua mente.

OBJETIVOS CLAROS E EXPECTATIVAS REALISTAS

Acredito que no futuro ainda terei algum ataque de ansiedade ocasional, mas agora sei como lidar com isso.

Joanne

Em vez de lidar com noções vagas de como você acha que as coisas devem ser na sua vida, é útil ser realmente claro acerca do que deseja para si próprio. Por exemplo, pode ser de grande ajuda imaginar situações específicas, vendo mentalmente a maneira como você gostaria de sentir e agir e as qualidades que deseja possuir. Algumas pessoas acham útil pensar em um "modelo" que exemplifique o comportamento desejado, seja alguém conhecido ou uma pessoa criada em sua imaginação.

É de importância vital que você verifique se seus objetivos são realistas. O fato de não se permitir nenhum desconforto pode significar que o menor indício de um sintoma pode levá-lo ao pânico. Dê a você mesmo a permissão para ser humano! Permita a flexibilidade e a imperfeição nos seus objetivos. Se você é alguém que pensa que deve ser calmo e feliz o tempo todo, então poderá estar criando um estresse extra para si mesmo. Cada uma de suas emoções deve ter um lugar em sua vida. Não conheço ninguém que não tenha más sensações e que esteja sob controle o tempo todo. Ninguém é inteiramente livre de problemas.

Igualmente importante é que suas expectativas em relação à rapidez com que sentirá os benefícios de estar trabalhando consigo mesmo sejam realistas, ou logo se sentirá desanimado. Não existe varinha de condão que possa realizar curas milagrosas e instantâneas. Embora seja perfeitamente compreensível que você queira pôr um fim ao seu desconforto tão rápido quanto possível, preocupar-se porque as coisas não estão caminhando como gostaria só leva à frustração, o que por sua vez pode provocar mais ansiedade! A recuperação demora. Não há atalhos. Dê-se todo o tempo necessário para a recuperação; considere-a em aberto. Estabelecer um limite de prazo servirá apenas para colocar mais pressão em você.

A melhora tende a ser um processo gradual, e pode estar entremeada com momentos em que você não nota os benefícios, ou em que pode haver recorrência dos sintomas iniciais.

É importante entender que você está melhorando continuamente. Paradas ou retrocessos, em geral temporários por natureza, são normais e parte necessária do processo geral de melhora. Os retrocessos, em particular, podem ser uma indicação de que você está passando por cima de algumas coisas e precisa ir mais devagar. Não demorará para que as coisas andem de maneira positiva outra vez, desde que você continue o trabalho.

Pode ser útil subdividir seu objetivo principal de recuperação em vários passos. Por exemplo, será mais adequado para um agorafóbico ter o objetivo de se sentir confortável andando até o portão antes de passar para o próximo passo, o de se sentir bem dando uma volta pelo quarteirão, e assim por diante.

Subdividir os objetivos em pequenos passos ajuda a estabelecer para si mesmo alvos mais realizáveis; também oferece a oportunidade de conseguir vários sucessos intermediários no caminho. Isso pode ajudar a mantê-lo motivado. Com o tempo, também será encorajador se comparar com a maneira como se sentia anteriormente em seus piores momentos. (Essa comparação será muito mais útil do que a tendência usual de se julgar em relação à maneira como acha que *deveria* estar, ou à maneira como as outras pessoas parecem estar.)

COMPROMISSO DE AJUDAR A SI PRÓPRIO

> *Ninguém é culpado por chegar a esse estado, mas será se nada fizer a respeito!*
>
> Peter

Este livro ensina você a aprender a controlar a ansiedade. Espero que ache agradável e interessante este processo de aprendizagem, mas é importante entender que, para obter o máximo de benefício de tudo o que aprender, será preciso dedicar tempo e esforço. É você que fará as mudanças positivas acontecerem. As técnicas requerem prática regular e consistente.

Para se esforçar da maneira que é necessária, é preciso estar comprometido com seus objetivos, e esse compromisso dependerá muito do quanto é valioso para você conseguir a mudança positiva e mantê-la. Até você se comprometer, sempre haverá a chance de recuar. Lembre-se, as pessoas que ficam no meio do caminho geralmente são deixadas para trás!

ACEITAÇÃO DE SUA SITUAÇÃO

> *Como eu sempre havia sido uma pessoa forte no passado, enfrentando bem o que a vida colocava em meu caminho, fiquei muito impaciente comigo mesma quando comecei a sofrer de sintomas de ansiedade. Eu não podia aceitar que isso estivesse acontecendo comigo. No entanto, negar que eu tinha um problema não iria fazê-lo desaparecer. Antes de poder procurar ajuda, tive que aceitar minha situação.*
>
> June

Muitas pessoas que sofrem de algum transtorno de ansiedade passam por sentimentos de vergonha. Com freqüência elas negam o problema porque consideram a situação inaceitável. Não raro ficam muito impacientes com seus sintomas, castigando-se e menosprezando-se por se encontrarem em tal estado. (É tão freqüente sermos nossos maiores críticos!) Por exemplo, elas podem pensar: "Isto é realmente uma estupidez! As outras pessoas não têm esse problema! Eu não deveria estar assim!", o que, por sua vez, pode aumentar a ansiedade que estão sentindo.

Outros preferem acreditar que têm um problema físico, geralmente considerado mais fácil de "consertar"; desse modo não carregam o estigma que a sociedade imputa aos problemas emocionais. Isso também pode colocar barreiras no caminho da recuperação.

Este livro tem como objetivo reduzir os sentimentos negativos. Entretanto, por mais estranho que possa parecer, provavelmente você não conseguirá vencê-los se não aceitá-los primeiro. Isso não significa que você estará adotando uma atitude derrotista, ou compactuando com esses sentimentos; significa apenas que estará se permitindo vê-los como eles são. Nesse sentido, é útil saber o que pode estar acontecendo com você (capítulos 1 e 2). Desmistificar sua situação ajudará a ver seus sintomas como normais e válidos nas circunstâncias com as quais você está lidando. Isso pode levar a uma aceitação positiva, o que pode ajudá-lo a se sentir melhor consigo mesmo.

Aceitar suas limitações tanto quanto as suas potencialidades pode, por si só, constituir um passo importante para a recuperação. Em vez de evitar ou negar sentimentos, você pode aprender a lidar com suas emoções negativas aceitando-as. Tal atitude coloca você em melhor posição melhor para enfrentá-las diretamente de várias maneiras positivas. Aceite seus dias ruins e comemore os bons, que podem aumentar com o tempo.

CAPÍTULO 4

Responsabilizando-se por você e por seus pensamentos

> *Enquanto não fizermos as mudanças internas, enquanto não estivermos querendo fazer o trabalho mental, nada fora de nós vai mudar. E, no entanto, as mudanças internas podem ser incrivelmente simples porque a única coisa que precisamos mudar de fato são os nossos pensamentos.*
>
> Louise L. Hay

O que você diz para você mesmo em seus pensamentos pode fazer uma diferença notável em sua qualidade de vida. Como já foi observado no Capítulo 2, as pessoas que sofrem de transtornos de ansiedade tendem a falar consigo mesmas de maneira negativa e preocupada. Esses pensamentos podem dar início a sentimentos de ansiedade, medo e pânico. Este capítulo tratará do trabalho extremamente importante de alterar esses pensamentos inadequados, ajudando você a fazer sua mente trabalhar em seu benefício.

SUA MENTE SUBCONSCIENTE

Sua mente processa informações consciente e subconscientemente. A mente subconsciente é a parte de sua mente que você não percebe; ela é responsável pelo sistema nervoso autônomo, controlando todas as funções físicas involuntárias e também guardando todas as nossas experiências na forma de memórias. A parte mais profunda de sua mente também é responsável por toda a gama de sentimentos, crenças, hábitos, auto-imagem e intuição. Acredita-se que todo pensamento consciente contribui para a formação da mente subconsciente. É bem o caso do ditado: "O que se põe dentro é o que se tira depois". Portanto, preste atenção no que pensa!

SEJA SEU MELHOR AMIGO

Se alguém fala positivamente com você todo o tempo, é provável que você se sinta bem na companhia dessa pessoa e a procure sempre. Da mesma maneira, se uma pessoa falasse negativamente com você todo o tempo, você acabaria por se sentir muito mal na companhia dela e provavelmente procuraria evitá-la. Você pode ficar longe das pessoas, mas não pode ficar longe dos seus pensamentos. Se permite que eles sejam negativos, isso pode levar a atitudes, crenças e sentimentos negativos. Por outro lado, pensamentos positivos podem criar uma sensação de bem-estar e expectativas positivas.

É bem mais sensato você ser seu melhor amigo do que seu maior inimigo. Considere a maneira pela qual você normalmente fala consigo mesmo quando está ansioso. Se for negativa, pergunte a si mesmo: "Se eu tivesse um amigo em minha situação, eu falaria com ele dessa maneira negativa? Que tom de voz eu usaria? O que eu diria para consolá-lo, tranqüilizá-lo e apoiá-lo?" Agora, comece a falar consigo mesmo da mesma maneira respeitosa e amigável. Também é importante elogiar e estimular você mesmo em seus esforços para mudar.

DECIDA COMO VOCÊ VAI SE SENTIR

Quando você compreende que seus pensamentos criam seus sentimentos, torna-se claro que embora na vida você possa não ter controle sobre o que lhe acontece, você o tem sobre sua reação a esses acontecimentos. Lazarus e Folkman (1984) enfatizam que a percepção de uma pessoa sobre uma situação é o componente mais importante do estresse e da ansiedade. Alguém que diz "Essa pessoa/situação me irrita" esquece-se de que é impossível para qualquer pessoa ou situação criar ou causar seus sentimentos. Até que interprete as coisas em seu pensamento e lhes dê um significado, você não pode sentir uma reação emocional. Portanto, você pode decidir como se sentir em qualquer momento escolhendo como vai se permitir pensar e interpretar a vida ao seu redor.

As pessoas que gostam de atividades que produzem adrenalina (como *bungee jumping*, por exemplo) escolheram ativar a reação "lutar-ou-fugir" em seus corpos e decidiram considerar "excitantes" as sensações resultantes. Podemos dizer que embora provavelmente não tenha consciência do que está fazendo, ao escolher pensar de maneira negativa e ansiosa, você está provocando sensações similares às que buscam os "caçadores de emoções", só que você as interpretou e classificou como "ansiedade" ou "pânico"!

Como você é o dono de seus pensamentos, você pode controlá-los. Parece simples, mas realmente produz resultados — ao mudar a maneira de pensar, você muda a maneira de sentir. Você pode vencer a ansiedade. Não importa o que esteja enfrentando, sempre há alguma coisa positiva que pode dizer a si mesmo.

COMO TRANSFORMAR PENSAMENTOS NEGATIVOS EM POSITIVOS

O que fazer para reverter os padrões e hábitos negativos de pensamento? Primeiro, você precisa se conscientizar da maneira como deixa seus pensamentos agirem. Se conseguir identificar tendências negativas em seus pensamentos, então já está no caminho para melhorar as coisas.

Reenquadramento

Toda situação tem um lado positivo e um negativo. Se no passado você estava considerando apenas o negativo, estava mentindo a si mesmo por omissão. Você não estava informando seu subconsciente dos aspectos ou potenciais positivos da situação. Como afirmado anteriormente, o significado de qualquer coisa depende de como você decide interpretá-la. Por exemplo, alguém pode dizer: "Na semana passada, cometi o maior erro de toda a minha vida", quando poderia decidir reinterpretar ou reenquadrar o que aconteceu como: "Na semana passada, aprendi algumas lições muito importantes!"

Sugerir a você mesmo o que quer, e não o que não quer

Inúmeras pessoas permitem-se pensar negativamente e se preocupar com os acontecimentos futuros. Lembro-me de um paciente que me disse que se sentia culpado quando não se preocupava com algo; se não estivesse preocupado com alguma coisa, achava que estava sendo negligente. A realidade é que você não pode beneficiar nem controlar os acontecimentos preocupando-se com eles. Na verdade, ao pensar dessa maneira improdutiva, pode realmente estar contribuindo para que ocorra o que você teme!

Por exemplo, se você vai falar em público, estará favorecendo um resultado negativo se antes de fazer o discurso começar a pensar: "Quando eu abrir minha boca para falar, sei que vou gaguejar". Ao contrário, você estaria se ajudando muito mais a falar de maneira clara e eficaz se encarasse a coisa de forma positiva, pensando: "Quando eu abrir minha boca, vou conseguir falar clara e calmamente, com toda a segurança".

Sempre que possível, é importante usar palavras afirmativas, assim como atentar para o significado de toda a frase. Por exemplo, se alguém pensar: "Eu não vou me sentir estressado nem ansioso durante a reunião de amanhã", pode parecer que está pensando positivamente. No entanto, se eu dissesse: "Aconteça o que acontecer, não pense em um elefante cor-de-rosa", o que aconteceria? Alguns de vocês provavelmente veriam a imagem de um elefante cor-de-rosa aparecendo imediatamente em sua mente! Isso aconteceria porque para "não pensar" em alguma coisa, muitos precisam primeiro pensar nessa coisa! Portanto, o exemplo anterior sobre a reunião pode de fato colocar a sugestão de "estresse e ansiedade" na cabeça da pessoa, independentemente do sentido da frase toda. Seria melhor pensar sobre a reunião usando palavras afirmativas, como: "Vou me sentir relaxado e calmo durante a reunião de amanhã".

Você pode conseguir o melhor de si mesmo sugerindo em seus pensamentos o que quer, e não o que não quer. Como uma antiga paciente me disse uma vez: "Agora eu acredito que a preocupação é um desperdício de emoção. Você pode se sentir mais sob controle e fazer mudanças positivas em sua vida — se for ensinada a fazer isso".

Observar-se enquanto fala

Tal como você pode influenciar sua mente subconsciente com seus pensamentos, pode também influenciá-la ao falar. Outras pessoas escutam quando você fala, e o mesmo acontece com sua mente subconsciente. Não apenas o conteúdo do que você diz deve ser positivo. Você também pode assegurar que sua mente não capte negatividade com recursos como suavizar o vocabulário e falar honestamente e em tom natural. A menos que você esteja com um terapeuta, que deseje lhe perguntar sobre seus sentimentos com detalhes, evite o melodrama quando falar sobre a ansiedade.

Não apenas "tentar", se você quer ter sucesso

Também é importante compreender que a parte mais profunda de sua mente geralmente tomará o significado das palavras que você colocar ali. Por exemplo, se você diz que está "tentando" ser uma pessoa mais calma, sua mente subconsciente vai ajudá-lo a "tentar", porém não necessariamente a "ter sucesso"! A palavra "tentar" implica muito esforço, mas um fracasso final em atingir seu objetivo. Frases como "Eu sou uma pessoa mais calma" ou "Estou me transformando numa pessoa mais calma" serão muito mais produtivas e o ajudarão a ficar mais à vontade.

LIDANDO COM OS PENSAMENTOS NEGATIVOS HABITUAIS

Pensar de maneira negativa é um traço na vida de algumas pessoas há tanto tempo que realmente se transforma em hábito. Apresentamos a seguir dois métodos para combater esse problema.

O método "pare"

Este método não apenas ajuda a quebrar o pensamento negativo habitual como também, à medida que praticado repetidamente, cria o novo hábito de pensamento positivo. Lembre-se, qualquer coisa que você repetir com freqüência pode se tornar automática. Sempre que tiver um pensamento negativo, pense "Pare", ou visualize uma placa de rua de "Parar" em sua mente. Então, lidando diretamente com o assunto, modifique o foco negativo de seus pensamentos para um positivo. Tire o melhor proveito da realidade tal como ela é. (Veja a Figura 6 para alguns exemplos.) Se o hábito de pensar de modo negativo está profundamente arraigado, você precisará fazer este exercício de forma persistente e enérgica.

Programação Neurolingüística para pensamentos negativos extra-obstinados habituais

Algumas pessoas podem descobrir, quando estiverem usando o método "Pare", que existem pensamentos negativos tão profundamente enraizados que saltam à mente antes mesmo que se perceba ou se tenha a oportunidade de dizer "Pare"! É útil dar a esses pensamentos uma atenção especial.

A técnica a seguir envolve investigar que mudanças podem ser feitas em tais pensamentos a fim de diminuir ou neutralizar a sensação negativa que geralmente produzem. O trabalho então é desenvolvido para armazenar o pensamento na mente de forma nova, mais positiva, com essas alterações benéficas. Isso faz com que o pensamento não tenha mais o poder de afetar você da maneira como acontecia no passado. O método se origina no trabalho de Richard Bandler, um dos fundadores do que agora é conhecido como "Programação Neurolingüística" (PNL). A PNL lida com o modo como estruturamos nossa experiência subjetiva em nossa mente. (Estaremos explorando outras técnicas úteis de PNL nos Capítulos 5, 7 e 8.)

Quando estiver trabalhando com esta técnica, dê a si mesmo 10 ou 15 minutos sem interrupção. Como em muitos exercícios deste livro, pode ser útil gravar o exercício em uma fita. Fale com um tom de voz suave e faça pausas para poder voltar a fita quando precisar, para se orientar na utilização da técnica. Outra alternativa é você memorizar o exercício, ou pedir a alguém que o leia para você até se familiarizar.

Pensamento Negativo		Enfoque positivo
Se eu for ao supermercado, vou me sentir mais ansioso e piorar meus problemas.	*Pare*	O sucesso é permitir que eu saia e enfrente essa situação. Ao fazer isso, estarei praticando e trabalhando para minha recuperação. Sou mais forte do que penso e posso fazer isso! Vou permitir-me desfrutar a sensação de estar bem comigo mesmo por ter coragem de fazer isso.
Oh, não, já está vindo de novo! Sinto um ataque de pânico chegando. Estou assustado.	*Pare*	Posso deixar isso passar por conta própria. Respirando devagar e com calma e me assegurando mentalmente que estou bem, posso ajudar esse processo. Posso sentir orgulho de mim mesmo por lidar com isso da melhor maneira possível.
Posso morrer durante um ataque de pânico.	*Pare*	Já passei tantas vezes por isso no passado e sempre sobrevivi. Isso é totalmente inofensivo. Estou seguro.
Isso é um absurdo! Ninguém é assim. Deve haver algo terrivelmente errado comigo. Devo estar ficando louco.	*Pare*	Posso aceitar que esses sintomas são normais nas circunstâncias pelas quais estou passando. Posso ser um apoio para mim mesmo nesta situação. Como tantos outros que superaram esta situação, posso perceber que com minhas novas habilidades de lidar com isso e um pouco de paciência, as coisas irão melhorar.

Figura 6. O método "Pare": alguns exemplos de como pensamentos negativos podem ser transformados em pensamentos com um enfoque mais positivo

Exercício

1. Concentre-se em um pensamento negativo freqüentemente recorrente que faz com que você se sinta mal. Por exemplo: "Vou ter um ataque de pânico".
2. Sente-se com os olhos fechados e escute esse pensamento em sua mente, como geralmente acontece. Observe todos os sentimentos negativos que ele provoca em você. Abra os olhos e se prepare para algumas experiências com essa frase.
3. Ao fazer várias alterações nesse pensamento, você pode testar as que diminuem ou neutralizam os sentimentos negativos. Feche os olhos outra vez. Pense na *velocidade* do pensamento. Se, por exemplo, ele for rápido e urgente, experimente diminuir a velocidade do pensamento como se fosse um disco na velocidade errada — irritantemente devagar! Observe se o sentimento que acompanha o pensamento mudou. Abra os olhos. Se o sentimento melhorou, tome nota desta alteração.
4. Recoloque o pensamento em sua velocidade normal e prepare-se para o próximo teste.
5. Experimente, de maneira semelhante, alterar a *voz* que está falando em sua mente (supostamente a sua própria voz). Substitua-a por alguma voz de desenho animado ou de alguém que você ache particularmente divertido. Depois que abrir os olhos, verifique se essa alteração ajudou a diminuir ou neutralizar o sentimento negativo e tome nota.
6. Recoloque o pensamento em sua voz "normal" antes de fazer o teste final. Imagine a sua *canção* ou *música* favorita como fundo enquanto escuta o pensamento. É um pouco como se estivesse fazendo acrobacias mentais. Lembre-se, no entanto, de que o importante não é o que você faz; o que interessa é o efeito que a alteração provoca no sentimento negativo. Abra os olhos e, como nas outras alterações, tome nota se achar que as coisas melhoraram.
7. Agora é hora de juntar o que você aprendeu. Reúna as alterações que melhoraram o sentimento e escute o pen-

samento em sua cabeça dessa nova maneira. Por exemplo, você pode ter experimentado a voz do Pato Donald dizendo as palavras bem devagar com a música "Jingle Bells" tocando ao fundo! Se nenhuma dessas alterações que mencionei ajudou, crie outras você mesmo. (Para maiores informações sobre outras alterações possíveis, leia o livro de Richard Bandler, *Usando sua mente* (Summus Editorial).
8. Se você achar que o sentimento negativo melhorou ou se neutralizou com a utilização deste método, reforce o pensamento com as novas associações adquiridas. Seu subconsciente pode assimilar o novo processo se você ensaiar o pensamento com essas alterações cinco vezes de olhos fechados (ajuda contar com os dedos, pois sua mente já vai estar ocupada com muitas coisas).
9. Agora tente o pensamento da maneira "antiga", tão calmamente quanto possa. É possível que você tenha que se esforçar um pouco para deixar as alterações fora da mente, agora que elas estão associadas com o pensamento. Isso significa que ele já não é automático como era na maneira "antiga". Ele agora está guardado na parte mais profunda de sua mente de modo mais positivo. Portanto, se no futuro esse pensamento irromper na sua cabeça outra vez, antes de dizer "Pare", você pode ter certeza de que ele não terá o mesmo efeito que tinha no passado. E isso é mesmo uma boa notícia!

Na minha experiência, muitas pessoas descobrem que depois de utilizarem esta técnica integralmente já não se importam com o pensamento que antes lhes causava tantos problemas. Ele já não produz um sentimento negativo. Eu me lembro, no entanto, de uma paciente que veio procurar minha ajuda para parar de fumar. Para sua surpresa, ela se viu meses depois ainda escutando em sua mente a sua canção favorita e um personagem do desenho

Mr. McGoo dizendo: "Preciso fumar um cigarro!!" Como a vontade de fumar que acompanhava esse pensamento tinha desaparecido completamente, ela apenas ria consigo mesma vinte vezes por dia em vez de fumar seus vinte cigarros habituais!

CARTÕES COM LEMBRETES

Algumas pessoas acham muito útil se cercar de cartões com frases positivas ou citações eficazes. Colocam esses cartões nos espelhos, na escrivaninha, na agenda, no carro, na porta da geladeira, e assim por diante.

Se você está particularmente ansioso a respeito de determinada situação, por que não tenta fazer um cartão específico para ela? Pode levá-lo consigo até que sua mente se torne mais espontânea na criação de pensamentos positivos apropriados.

UM ALERTA: AS CRENÇAS ANTIGAS DEMORAM A MUDAR

Para começar, você pode se ver tentando mentalizar pensamentos positivos nos quais não acredita totalmente. Isso não deve surpreendê-lo, uma vez que suas antigas crenças, com freqüência negativas, provavelmente estarão dominando sua mente no início. Quando sua mente tiver escutado os novos pensamentos positivos o suficiente para criar uma reserva forte, essa nova visão mais positiva pode predominar na parte mais profunda de sua mente.

A chave é persistir com os pensamentos positivos. A repetição é importante. Quanto mais pensamentos positivos você colocar em sua mente, melhor. Você não precisa esperar uma oportunidade para aplicar o método "Pare" a fim de transmitir mensagens positivas a sua mente. Reavalie as áreas de sua vida de forma positiva; sempre que puder, acrescente um pensamento positivo! Por exemplo, ao se olhar no espelho de manhã, fale positivamente sobre você mesmo e sobre o dia que tem pela frente à sua imagem refletida. (Se estiver vivendo com alguém, é bom explicar-lhe por que você está fazendo isso!) Quando suas crenças começarem a se alterar, seus objetivos de mudança positiva vão parecer muito mais fáceis de atingir.

CAPÍTULO 5

Usando sua imaginação

A mente é seu próprio lugar, e por si mesma é capaz de fazer do céu um inferno, do inferno um céu.

John Milton

Além de trabalhar de maneira positiva com seus solilóquios, sua imaginação pode ser usada de várias outras maneiras para ajudá-lo no combate à ansiedade. Em particular, o uso de imagens pode ser um método muito poderoso de trabalhar consigo mesmo, pois qualquer imagem pode literalmente valer mais que centenas de sugestões verbais.

Neste capítulo exploraremos várias técnicas de visualização. Para seu uso diário, escolha aquelas que lhe pareçam mais adequadas para suas próprias circunstâncias.

VISUALIZAÇÃO POSITIVA

Quando você visita uma galeria de artes, alguns quadros podem lhe provocar um sentimento desagradável (por exemplo, uma cena sangrenta de batalha), enquanto outros (uma bonita cena à beira-mar) podem ajudá-lo a se sentir mais à vontade. "Figuras" ou "idéias" que você vê com os olhos de sua mente podem funcionar da mesma maneira.

Uma vez que o que você vê em sua mente pode afetar a maneira como se sente, isso pode ser usado como uma ferramenta a seu favor. Se você estiver preocupado com fantasias assustadoras ou divagações que provocam ansiedade, pode decidir, em vez disso, concentrar-se em cenas agradáveis, tranqüilizadoras, como a imagem de um lugar que ama, ou imagens de um passeio que realmente adorou. Ao fazer isso, você pode alterar seus sentimentos de maneira positiva. Algumas pessoas têm uma imaginação tão boa que podem quase sentir que realmente estão naqueles maravilhosos lugares vivenciando momentos inesquecíveis. Uma imaginação pobre pode ser treinada e se desenvolver com a prática.

O dr. Vernon Coleman (1993) recomenda o procedimento descrito a seguir para ajudar a melhorar sua qualidade de vida. Escreva o maior número possível de boas lembranças em uma caderneta. (Se não conseguir se lembrar de nenhuma, invente!) Escolha as sete de sua preferência e reviva-as em detalhes. Lembre e sinta outra vez os sentimentos agradáveis associados com aquelas lembranças. Mergulhe nessas lembranças ao despertar de manhã e ao deitar à noite, ou sempre que quiser levantar seu ânimo.

Outra alternativa é você trabalhar com o medo e os sentimentos de ansiedade de maneira mais ativa e direta. A seguir, algumas idéias de como é possível fazer isso. Você pode escolher uma delas:

- Imagine sua ansiedade flutuando para fora de seu corpo e de sua mente em uma grande nuvem branca que vai para o céu. Quanto mais ansiedade essa nuvem absorve de seu corpo, mais negra ela vai ficando. Com grande sentimento de alívio, veja essa nuvem preta, carregada, se afastar de você até se perder de vista.
- Escreva seus medos em um folha de papel imaginária que depois você joga no fogo e a vê se queimar completamente.
- Visualize-se jogando suas fantasias assustadoras e seus pensamentos ansiosos em um latão de lixo na rua e depois se afastando com um sentimento de mais calma e tranqüilidade.
- Em sua mente, veja seu corpo se inundar com uma luz curativa dourada e benéfica. Deixe que essa luz penetre e toque cada pequena parte de seu corpo.

- Imagine seu corpo como uma árvore forte e cheia de seiva. Observe como as folhas parecem dançar na brisa, leves e tranqüilas. As raízes dessa árvore estão fincadas profundamente no chão, mantendo-a segura e firme. Isso pode lhe dar um sentimento de segurança interior enquanto continua a criar novos galhos em sua vida.

Arrume um tempo para inventar e experimentar com imagens elaboradas por você mesmo. Seja criativo! Exercícios de visualização positiva, combinados com diálogos interiores positivos, podem realmente ajudar a melhorar sua disposição e reduzir efetivamente a ansiedade.

ENSAIO MENTAL

Por mais estranho que possa parecer de início, boa parte do tempo conseguimos o que esperamos da vida. Como foi discutido no capítulo anterior, se você organizar as coisas de maneira positiva em sua cabeça, estará ajudando você mesmo a obter um resultado positivo. Se as organizar de maneira negativa, é bem possível que acabe atraindo o que teme. Muitas pessoas que parecem achar que seus piores temores sempre se realizam, provavelmente passam a maior parte de seu tempo pensando de modo assustador sobre o que mais temem!

Usar a sua imaginação positivamente pode ajudar a melhorar seu desempenho em quase todos os campos. Prather (1973) descobriu que os pilotos em treinamento que usaram a prática mental de manobras para aterrissar as aeronaves obtiveram melhores resultados nos treinamentos do que os pilotos que não usaram esse método. Isso demonstra que praticar com sua imaginação pode produzir resultados notáveis.

Você pode fazer isso também praticando como gostaria de ser em qualquer área de sua vida. Visualize a situação da maneira mais realista possível. Se, por exemplo, você tem fobia social, imagine que se sente realmente contente ao receber um convite para sair e que se divertiu de verdade no encontro e achou a conversa das pessoas interessante. Quanto mais fortemente você puder sentir esses sentimentos positivos, maior será sua motivação para alcançar seus objetivos.

Se você achar difícil criar esses sentimentos, é útil rememorar uma noite que tenha saído e se divertido antes de desenvolver sua fobia e prolongar o sentimento bom que foi capaz de sentir na época. Alternativamente, como recomendado no capítulo 3, você pode escolher um modelo de comportamento que personifique as qualidades, sentimentos e comportamento desejados. Assim como um ator talentoso pode assumir as características da personagem que está representando, você pode "fingir" ter o comportamento de seu modelo em uma situação social e observar como seus sentimentos de confiança aumentaram.

Imaginar-se dessa maneira muitas e muitas vezes imprimirá uma atitude positiva em seu subconsciente em relação às situações sociais e poderá ajudá-lo a superar as crenças negativas passadas. Isso, subseqüentemente, pode ter um efeito positivo em seus sentimentos e comportamento. Se você tiver um evento em particular a que precisa comparecer, eu recomendaria o reforço diário das imagens positivas por pelo menos uma semana antes.

PROJEÇÃO POSITIVA NO FUTURO

Você pode levar essa imaginação positiva ainda mais longe, projetando-se em sua mente até um tempo no futuro onde já superou os seus níveis de ansiedade. Imagine-se partindo em uma viagem para o futuro e chegando a um tempo em que a sua ansiedade está sob controle. Ao se ver nesse futuro, olhe para trás, para seu passado, e se surpreenda ao ver como se deixou ficar tão ansioso por tanto tempo!

Olhe para seu passado e veja como caminhou passo a passo, como superou todos os obstáculos e progrediu até o ponto em que está agora. Ao viajar de volta para o presente, você vai se sentir bem por ter esse mapa positivo em sua mente como um guia para o futuro. Para chegar a algum lugar, sempre ajuda saber aonde se quer ir; se você tiver também um mapa, a viagem fica muito mais fácil!

A TÉCNICA DA TROCA

É certo que freqüentemente enviamos à parte mais profunda de nossa mente sinais confusos sobre o que queremos para nós mesmos. A técnica PNL, criada por Bandler (1985), usa a imaginação para ajudar a tornar mais claro para o seu subconsciente o que você quer e o que não quer. Também ajuda a reprogramar os seus pensamentos predominantes, encaminhando-os para uma direção mais positiva. Isso é particularmente útil porque, de modo geral, costumamos gravitar em torno de nossos pensamentos predominantes. Ao direcionar sua mente de maneira positiva, você verá como os seus sentimentos e comportamentos terão uma forte tendência a ir na mesma direção.

Nesta etapa é importante, mais uma vez, reservar algum tempo para você. Sente-se em uma cadeira confortável, em um cômodo silencioso. Eu esquematizei essa técnica passo a passo, em uma progressão fácil de seguir.

Exercício
1. Ponha-se confortável e feche os olhos.
2. Visualize uma tela em sua mente, como se estivesse em um cinema. Agora veja uma imagem sua de uma maneira que *não gostaria* de se ver. Por exemplo, pode ser uma imagem de você com estresse no trabalho. Torne essa

imagem a mais desagradável possível. Examine os sentimentos que a acompanham.
3. Agora apague essa imagem "negativa" e veja na tela uma imagem de como você *gostaria* de se ver. Faça com que seja o mais atraente e agradável possível. Por exemplo, pode ser você olhando as coisas calmamente, por "cima de tudo" no trabalho. Entre nessa imagem em sua mente e fique lá até você sentir como é bom. Desfrute esse sentimento de calma e controle. Demore explorando-o, antes de apagar essa imagem positiva da tela, deixando-a em branco mais uma vez.
4. Agora veja a imagem "negativa" bem grande e clara na tela. Ponha a imagem positiva em tamanho pequeno e escuro, grudada como se fosse um selo em lugar errado em um cartão-postal, no canto mais baixo à direita (veja Figura 7a).
5. Tão rápido quanto consegue dizer troque, deixe a pequena e escura imagem positiva crescer e se iluminar (veja Figura 7b) até cobrir completamente a imagem negativa, que deve escurecer e diminuir (veja Figura 7c).
6. Depois de realizar essa troca, limpe a tela ou abra os olhos.
7. Faça essa troca de imagens cinco vezes. Veja se pode fazer cada vez mais rápido. Não se esqueça de limpar a tela ou de abrir os olhos no final de cada troca.
8. Agora veja a imagem "negativa" em sua mente. Se a troca foi eficaz, vai ser difícil ver de novo aquela primeira imagem negativa; pelo menos ela estará menos clara do que estava em sua mente antes de começar o exercício. Observe agora como é fácil e rápido você trazer a imagem positiva à sua cabeça e como ela se transformou na imagem dominante.

Se você não conseguiu o resultado desejado, volte e faça o exercício outra vez. Veja o que pode fazer para a imagem ficar mais adequada ou que outra imagem poderia funcionar melhor para você. Seja criativo.

Usando sua imaginação 55

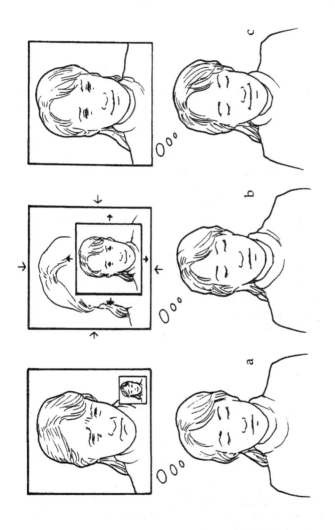

Figura 7. A técnica da troca

Por exemplo, algumas pessoas gostam de trabalhar com imagens mais abstratas. Elas podem representar seus sentimentos mais metaforicamente. Veja o seguinte exemplo:

Exercício
1. Ponha-se confortável e feche os olhos.
2. Concentre-se no sentimento que quer mudar. Transfira esse sentimento para uma imagem que o represente visualmente na tela. Por exemplo, um sentimento tenso, enredado em seu estômago, pode ser representado pela imagem de nós amarrados em uma corda bem esticada. Agora limpe essa imagem da tela.
3. Concentre-se no sentimento que quer alcançar. Trabalhe como acima. Um sentimento de calma e bem-estar pode ser representado visualmente pela modificação da imagem "negativa". No caso acima, os nós podem ser afrouxados ou desamarrados, deixando a corda mais solta. Como alternativa, pode-se escolher e colocar na tela uma imagem positiva completamente diferente, como a cena de um oceano calmo representando o sentimento de tranqüilidade. Ela pode ser trocada com a imagem negativa em sua mente. Certifique-se de que a imagem escolhida o acalma, seja qual for.

Lembro-me de ter usado esta técnica com uma paciente cuja ansiedade em relação a sexo estava fazendo seus músculos pélvicos ao redor da vagina se contraírem (vaginismo) toda vez que tentava o intercurso sexual. Quando veio me ver, ela estava começando a evitar o sexo sempre que possível.

Pedi a essa mulher que visualizasse o sentimento da contração. Ela imaginou uma fita de elástico sendo puxada o máximo possível sem se romper. Enquanto visualizava essa imagem, eu lhe pedi que classificasse em uma escala a tensão que sentia naquele momento em seus músculos pélvicos.

Ela chegou à classificação de 8/10 em uma "escala de tensão", sendo 10/10 a maior tensão que já havia sentido até então.

Ela própria tinha produzido essa tensão, e portanto também tinha o poder de se livrar dela. Nesse caso, para atingir o sentimento que desejava (um relaxamento dos músculos pélvicos), tudo que teria que fazer era manipular de maneira positiva a imagem da fita de elástico em sua mente, em vez de trocá-la por uma imagem completamente nova. Ela visualizou a fita de elástico relaxando e se soltando. Em cerca de 20 segundos observou que seus músculos pélvicos se relaxavam para 0/10 da "escala de tensão".

Era uma habilidade que ela poderia usar no futuro para ajudá-la a se soltar e relaxar. Essa abordagem, combinada com outras que também utilizamos, fez com que se sentisse muito mais confortável em relação aos encontros sexuais.

CRIAR UMA ÂNCORA DE SERENIDADE

Você sabia que pode "ancorar" seus sentimentos em um ponto específico de seu corpo? Depois que essa âncora for estabelecida, você pode reiniciar e algumas vezes reviver esses sentimentos pressionando esse ponto de seu corpo que serve como um gatilho para tais sentimentos. Essa técnica simples usa apenas o talento natural da mente para unir as coisas e fazer associações (veja a seção "Ansiedade como resposta adquirida", no Capítulo 2).

O processo de fazer associações normalmente se dá sem que tenhamos consciência dele. Por exemplo, se você escutar uma música que costumava escutar dez anos atrás, ela pode automaticamente despertar um fluxo de recordações do que estava vivendo naquela época. Se você está dirigindo e vê o farol vermelho, imediatamente associa isso com a necessidade de parar. O exercício seguinte, que não leva mais de 5 a 10 minutos para ser realizado, mostra como você pode usar associações para criar sua própria âncora de serenidade.

Exercício
1. Feche os olhos e fique confortável. Pense em uma época de sua vida em que se sentiu realmente calmo e relaxado, como quando estava desfrutando umas belas férias.
2. Imagine-se naquele lugar. Mergulhe naquela experiência, tornando-a tão real quanto possível e explorando o lugar com todos os seus sentidos: veja o que via lá, escute o que escutava, sinta todo o cheiro característico do lugar, toque o que o cerca com sua imaginação. Use o paladar, se for o caso. Deixe sua respiração ir diminuindo o ritmo e se tornando mais profunda.
3. Quando sentir a tranqüilidade dessa experiência em sua mente e em seu corpo, ancore-a em uma determinada parte do corpo; por exemplo, algumas pessoas encostarão um dedo no polegar. Segure a âncora o tempo suficiente para permitir que ocorra a associação entre o toque e os sentimentos de tranqüilidade (geralmente 20 segundos), depois solte-a.
4. Teste a âncora. Se quiser, você pode reforçar a associação com a repetição, usando a mesma experiência ou imaginando outras experiências igualmente calmas e tranqüilizadoras em sua mente e ancorando esses sentimentos bons no mesmo ponto.

Depois que a âncora estiver estabelecida, a qualquer momento que sentir ansiedade, toque o ponto da mesma maneira e com a mesma pressão e observe como pode provocar e reviver os sentimentos agradáveis de relaxamento e tranqüilidade. Como qualquer outra técnica, é melhor usá-la logo que o desconforto começar, antes que a ansiedade se torne uma reação descontrolada. Agora você tem a segurança de saber que carrega uma âncora de serenidade com você em todos os momentos!

CAPÍTULO 6

Relaxamento e auto-hipnose

De tempos em tempos é importante se acalmar, ficar sozinho consigo mesmo e simplesmente "Ser".

Eileen Caddy

Este capítulo está dividido em três seções principais. Primeiro, vamos explorar alguns métodos para relaxar a respiração e uma técnica de relaxamento para todo o corpo; na seção seguinte abordaremos os fundamentos da hipnose; e finalmente, observaremos detalhes do campo da auto-hipnose.

RELAXAMENTO

Muitas pessoas que sofrem de transtorno de ansiedade podem se sentir desconfortáveis ao pensar em relaxamento, pois acreditam que é importante estar sempre alertas e vigilantes. Porém, a realidade da situação é muito diferente. Assim como seria inadequado estar constantemente relaxado, também não é desejável estar continuamente ansioso. O equilíbrio é muito importante. Paradoxalmente, aprender a "soltar-se" um pouco mais pode fazer você controlar melhor a situação.

Os benefícios do relaxamento são muitos. Depois que aprendem a relaxar, as pessoas freqüentemente relatam mudanças nos hábitos de sono e um sentimento geral de calma e conforto. Kabat-Zinn *et al* (1992) descobriram em suas pesquisas que um programa de treinamento baseado na redução do estresse e no relaxamento efetivamente reduz os sintomas de ansiedade e pânico, e ajudam a manter esse estado em pacientes com transtorno de ansiedade generalizada, sindrome do pânico ou sindrome do pânico associado com agorafobia.

Métodos para relaxar a respiração

Algumas pessoas descobrem que respiram muito rapidamente (hiperventilação) quando ansiosas. Essa reação diminui o dióxido de carbono no sangue e pode provocar sintomas como formigamento nos dedos, contrações dolorosas nas mãos e nos pés, tonturas e desmaios. Uma maneira fácil de resolver esse problema é continuar a respirar profundamente, mas com um saco de papel sobre a boca para que o dióxido de carbono exalado seja respirado outra vez. Tal procedimento ajuda a regular os níveis de dióxido de carbono no sangue e em conseqüência, alivia os sintomas e ajuda a pessoa a se sentir mais calma. No final, a respiração se acalma até um ritmo novamente confortável. Portanto, se isso acontece quando você fica ansioso, tenha sempre à mão um saco de papel.

Há os que sofrem de um tipo diferente de problema respiratório — têm dificuldades em recuperar o fôlego ou em respirar fundo. Essas pessoas verificarão a utilidade dos exercícios a seguir. Controlar sua respiração pode mudar seu estado emocional de negativo para neutro ou positivo. É muito difícil sucumbir a emoções desagradáveis quando se está respirando fundo e vagarosamente. Então, se você se sentir ansioso e nada mais parece ajudar, respire devagar e fundo várias vezes. Beta Jencks (1990) esboçou algumas maneiras diferentes de relaxar a respiração, incluindo os seguintes métodos:

Respiração longa: Mantendo os ombros parados, imagine-se inalando através das pontas de seus dedos, subindo pelos braços até os ombros, e depois exalando pelo tronco abaixo até o abdômen e as pernas e saindo pelos dedos dos pés. Repita.

Respirando pela pele: Imagine-se inalando e exalando através da pele de qualquer parte de seu corpo. Em cada inalação, permita que a pele se sinta refrescada e revigorada. Permita que a pele relaxe em cada exalação.

Respiração abdominal: Coloque suas mãos sobre a área ao redor de seu umbigo e focalize sua atenção ali. (De acordo com a filosofia taoísta, essa é a área onde se localiza o "Chi", o centro de energia do corpo.) Comece inalando profundamente, expandindo o seu estômago o máximo possível, de forma que suas mãos se ergam com suavidade. Depois exale, demorando o dobro do tempo que você levou para inalar, empurrando os músculos do seu estômago para dentro e notando o abaixar das mãos. Repita.

Enchendo e esvaziando a garrafa: Quando um líquido é derramado numa garrafa, o fundo se enche antes do meio e o gargalo. Quando o líquido é derramado para fora, o fundo esvaziará antes do gargalo. Imagine que seu torso é uma garrafa e encha-o com o ar inalado a partir do fundo. Em seguida, permita que se esvazie da mesma maneira, primeiro o abdômen inferior, depois o superior e finalmente o peito. Repita não mais que três vezes antes de voltar à respiração normal.

Remédio imaginado: Ao respirar, imagine que está inalando um agente broncodilatador que relaxa e amplia as paredes das vias respiratórias nos brônquios e pulmões, permitindo que o ar flua facilmente. Quando exalar, note o colapso suave dessas passagens de ar. Repita.

Pedra no poço: Imagine um poço profundo em seu abdômen. Enquanto respira, imagine que está seguindo uma pedra que está caindo no poço durante cada respiração.

Ondas ou marés: Deite-se de costas e, por dois ou três ciclos respiratórios, imagine que sua respiração flui com as ondas ou marés do oceano. Sinta esse fluxo passivo entrar e sair.

Relaxamento corporal progressivo

O dr. Edmund Jacobson (1939-1974), que desenvolveu o relaxamento progressivo, notou o quanto é difícil para uma mente ansiosa existir dentro de um corpo relaxado. O relaxamento progressivo é uma técnica muito prática para libertar a tensão de seus músculos e, como sugere o nome, envolve o relaxamento de seu corpo de forma gradual e em passos individualizados. Reserve pelo menos vinte minutos para realmente desfrutar o seguinte exercício.

Exercício
1. Sente-se ou deite em algum lugar confortável, onde ache que não será perturbado. Feche os olhos.
2. Tensione lentamente os músculos de seu pé e mantenha essa tensão por um momento. Depois deixe a tensão se esvair gradualmente.
3. Continue a flexão e o relaxamento, trabalhando os músculos de baixo para cima do corpo: panturrilhas, coxas, nádegas, estômago, peito, costas, mãos, braços, ombros, pescoço e rosto. Enquanto você trabalha esses músculos, pode experimentar visualizar mentalmente cada área se soltando, vendo os músculos e tecidos relaxando.
4. Desfrute a sensação de conforto e relaxamento que se segue.

Seja paciente e pratique. Ao ganhar confiança com a técnica, será possível relaxar em qualquer lugar, sempre que necessite aliviar a tensão.

HIPNOSE

Muito do que as pessoas acreditam a respeito da hipnose não é verdadeiro, inclusive a idéia de que seu primeiro objetivo é o entretenimento. Nos anos recentes, a hipnoterapia (terapia sob estado hipnótico) ganhou considerável respeitabilidade entre os médicos em face do papel terapêutico que desempenha no controle de vários problemas de saúde, incluídos os que estão relacionados com o estresse e a ansiedade. Em trabalho anterior, explorei a área da hipnose com alguma profundidade, e parte daquele trabalho se encontra neste livro. Se você estiver interessado em saber mais sobre a hipnose, eu lhe recomendo o meu livro *Health Essentials: Self-Hypnosis. Effective Techniques for Everyday Problems* [Saúde essencial: técnicas efetivas de auto-hipnose para os problemas cotidianos].

É difícil definir precisamente a natureza da hipnose. Para nossos objetivos, a melhor maneira de abordá-la é como um estado de intenso relaxamento físico e mental quando o sujeito, ainda que consciente da realidade imediata, experimenta uma sensação de afastamento. O foco da atenção em geral é interno e mais estreito do que quando o indivíduo se acha completamente alerta. Embora a maioria das pessoas tenha a habilidade natural de entrar em hipnose em algum grau, há pessoas não hipnotizáveis, incluindo aquelas gravemente perturbadas ou psicóticas e as com deficiências mentais.

Um transe não é algo estranho ou misterioso. É uma habilidade perfeitamente normal, semelhante ao devaneio ou à sensação de deriva que antecede imediatamente o sono. Você pode até experimentar a hipnose sem perceber; por exemplo, quando está dirigindo um carro pode chegar ao seu destino incapaz de lembrar tudo sobre a viagem. Em algum ponto da viagem, sua mente consciente derivou, absorvida em seus pensamentos, deixando a direção do carro e sua segurança aos cuidados de sua mente subconsciente. Pode também ser experimentada quando você está tão absorto em algo (por exemplo, um livro, um programa de televisão, exercícios de visualização ou relaxamento) que perde o sentido do tempo e de onde está.

As similaridades entre transes familiares e cotidianos e a hipnose formal podem muitas vezes fazer com que as pessoas acreditem que não foram hipnotizadas porque esperavam que esta fosse uma experiência única ou, de alguma forma, dramática. Quando não deixam de perceber o que as cerca, sentem-se desapontadas. Essas crenças e expectativas infundadas sobre a hipnose provêm freqüentemente de seu uso como entretenimento e de sua descrição imprecisa em romances e filmes. Para nossos propósitos, a principal distinção entre os transes cotidianos e a hipnose formal é que a última envolve a utilização do estado hipnótico e o poder da sugestão com objetivos específicos em mente.

No Capítulo 4, exploramos a noção da mente processando informação de modo tanto consciente quanto subconsciente. Quando completamente alerta, a mente consciente tende a ser muito crítica e não raro inclinada a superanalisar em situações que envolvem a resolução de problemas. Isso muitas vezes conduz a resultados improdutivos, como a evitação e a indecisão, a recusa em agir e a ansiedade excessiva. A diferença entre praticar a auto-hipnose, o solilóquio e as técnicas de visualização descritas antes é que a primeira envolve uma participação menos consciente. Com a mente consciente, que com freqüência não ajuda, interferindo menos, o paciente fica parcialmente liberto da lógica normal, permitindo que a mente subconsciente se torne mais atenta e receptiva à terapia na forma de sugestões e imagens.

Instrumentos que medem a atividade do cérebro demonstraram claramente a diferença nos padrões de eletroencefalografia (EEG) entre o sono e a hipnose. Quando hipnotizada, a pessoa se encontra em algum lugar entre estar completamente alerta e adormecida. Quanto mais se aprofunda a hipnose, mais se deriva para o estado de sono. Em um estado leve, fica-se perto da consciência completa. Como não está dormindo, a pessoa passa a maior parte do tempo consciente do que a rodeia e lembra-se de toda a experiência. A amnésia, diferentemente do "esquecimento normal", em geral só acontece quando são feitas sugestões nesse sentido.

Contrariamente aos mitos sobre a hipnose, quando em transe a pessoa permanece no controle (você não fará nada que não queira fazer). Apenas sugestões que caibam dentro de seus interesses fundamentais serão obedecidas nas experiências verdadeiras. No entanto, mesmo quando não estamos hipnotizados, às vezes podemos ser iludidos ou enganados por pessoas persuasivas para fazer algo cujo resultado não é realmente em nosso benefício. Na teoria, a mesma coisa pode acontecer na presença de um hipnotizador inescrupuloso. Portanto, é aconselhável nunca permitir que uma pessoa não qualificada use a hipnose com você.

Obviamente, isso é irrelevante quando estiver usando a auto-hipnose, em que você é, ao mesmo tempo, o hipnotizador e o paciente, guiando-se a si mesmo até o estado hipnótico e escolhendo suas próprias sugestões positivas. À medida que você incorporar a prática da auto-hipnose em sua rotina cotidiana, também verá como a hipnose, ao contrário de um processo de assumir o controle de pessoas, é um meio de fortalecer os indivíduos, ajudando-os, portanto, a sentirem-se ainda mais no comando de suas próprias vidas.

AUTO-HIPNOSE

A auto-hipnose tem um efeito similar ao da meditação, no sentido de que estimula o lado direito do cérebro, a parte responsável pelo conhecimento interior, a passividade, sentimentos de calma e paz e sensações de estar à deriva. Ao praticar a auto-hipnose, é importante não "se esforçar" para relaxar. A pessoa que se esforça para dormir à noite é geralmente a que passa a noite toda acordada lendo um livro! Sinta-se à vontade para relaxar de acordo com seu ritmo e maneira próprios, até o nível em que se sentir confortável.

É importante compreender que um trabalho muito bom pode ser feito em quase todas as áreas em estados de transe leve e, portanto, o tempo que se passa obcecado para conseguir estados mais profundos pode ser gasto mais produtivamente. À medida que o tempo passar você perceberá que algumas vezes, de qualquer maneira, alcançam-se estados mais profundos. A auto-hipnose, como outra habilidade qualquer, melhora e se torna mais fácil com a prática. Entrar ou não em estados mais profundos de hipnose não é importante; será mais produtivo se concentrar no que deseja alcançar ao utilizar o estado para seu benefício, seja qual for o nível de transe. Ademais, sua motivação e o desejo de realizar mudanças positivas são os fatores mais importantes.

Terapia por meio do uso das imagens e das palavras

No Capítulo 5 deste livro já lhe demos algumas idéias de como usar as imagens como terapia por meio do uso de técnicas de visualização. Praticar e desenvolver o sentido visual na sua imaginação também pode ajudar a enriquecer sua experiência de auto-hipnose. Freqüentemente se diz que as imagens são a linguagem da mente subconsciente e constituem um método muito poderoso de trabalho, quer você esteja completamente alerta ou praticando a auto-hipnose.

No capítulo 4 examinamos como organizar algumas sugestões de solilóquio a fim de garantir seu funcionamento da maneira mais positiva possível. Obviamente, as mesmas regras se aplicam quando você estiver no estado de hipnose, e há várias maneiras de fazer isso durante a prática da auto-hipnose. Decida qual delas você prefere.

1. *Solilóquio*: Pressupõe apenas a repetição de suas sugestões para você mesmo em sua mente ao praticar a auto-hipnose. No entanto, algumas pessoas acreditam que, quando alcançam os estados mais profundos de transe, a mente consciente se torna tão relaxada

e "à deriva" que demanda um certo esforço pensar nas sugestões. As duas maneiras a seguir de fazer suas sugestões podem ajudá-lo a resolver esse problema.
2. *Sugestões escritas*: Esse método requer que as sugestões sejam escritas antes de começar sua auto-hipnose, e lidas cerca de dez vezes para que sua mente se familiarize com elas. Depois diga a si mesmo algo mais ou menos assim: "Enquanto eu faço minha auto-hipnose, quero que você, minha mente subconsciente, enfatize essas sugestões e me ajude a transformá-las em realidade na minha vida...". Em seguida você faz sua auto-hipnose, seguro de que, embora sua mente consciente possa ficar "à deriva", as sugestões de sua escolha podem estar sendo trabalhadas em um nível mais profundo. Com efeito, você pré-programou sua mente subconsciente para trabalhar com suas sugestões enquanto faz a auto-hipnose.
3. *Grave uma fita*: Há fitas de auto-hipnose à venda. Entretanto, essas fitas tendem a ser muito gerais no sentido de poder servir a uma audiência ampla. Ninguém sabe melhor do que você (e seu terapeuta, se estiver trabalhando com um) o que deseja trabalhar e que objetivos pretende atingir. Portanto, grave suas próprias fitas individuais, elaboradas especificamente para atingir seus objetivos. Mais adiante, neste livro, você encontrará um esquema completo para auto-hipnose, que pode ser lido em voz alta para a gravação de uma fita, incluindo sugestões que você achar importantes para sua terapia. Você também pode colocar uma música de fundo suave, se achar que isso tornará sua sessão de auto-hipnose mais agradável. Assim, sempre que quiser tirar um tempo para praticar a auto-hipnose, tudo o que terá de fazer será colocar sua fita no gravador, fazer sua mente

consciente vagar e deixar sua mente subconsciente realizar o trabalho.

Precauções e considerações práticas

Como a hipnose é um estado que ocorre naturalmente, não existem efeitos colaterais negativos, ao contrário do que ocorre com o uso de certos medicamentos. Na verdade, desde que as sugestões sejam sempre positivas, o único efeito colateral que você pode esperar são mudanças construtivas em qualquer que seja a área de sua vida que deseja trabalhar. No entanto, é útil tomar algumas precauções quando usar a hipnose:

1. Evite a auto-hipnose e a hipnoterapia se tiver um histórico de epilepsia. Há uma pequena chance de que o estado alterado de hipnose possa induzir um ataque.
2. Nunca pratique auto-hipnose se estiver envolvido em alguma atividade para cujo cumprimento seja necessário estar alerta, como dirigir carros. Antes de começar a dirigir depois de uma sessão de auto-hipnose, sempre tenha certeza de que está se sentindo completamente normal.

Para que sua sessão de auto-hipnose seja a mais agradável possível, escolha um lugar onde se sinta em segurança e confortável. Certifique-se de que não será perturbado; por exemplo, tire o telefone do gancho e avise aos que estão ao seu redor que não quer ser incomodado. Se um pouco de barulho e distração externos são inevitáveis, escutar uma música relaxante com fone de ouvido pode ajudar. Em vez de tentar ignorar os sons que ainda continuam chegando até você, procure usá-los em seu benefício. Por exemplo, você pode associar algumas sugestões de relaxamento com esses ruídos, da seguinte maneira: "Como essas crianças que estou escutando, eu também posso me sentir livre de preocupações". Admitir e usar os sons dessa maneira pode fazer com que, aos poucos, eles desapareçam.

A menos que você queira usar a auto-hipnose como ajuda para adormecer, é melhor praticar sentado em uma cadeira confortável, e não deitado na cama. Lembre-se de que seu objetivo é estar em algum lugar entre adormecido e desperto, não realmente dormindo. Você pode controlar a duração do tempo que passa em hipnose por meio de um despertador ou dando a si mesmo uma sugestão antecipada, do tipo: "Eu abrirei meus olhos em vinte minutos". Você pode ficar agradavelmente surpreso com a pontualidade que pode conseguir!

É útil, sobretudo no começo, praticar a auto-hipnose diariamente, de vinte minutos a meia hora. Ache uma maneira de integrá-la a seu ritmo de vida. A melhor hora do dia para sua auto-hipnose dependerá muito de seu horário. Certifique-se, no entanto, de reservar um tempo qualitativo para esse trabalho importante.

Um esquema para a auto-hipnose

O exercício seguinte constitui um esquema possível para a auto-hipnose. Ele é flexível e pode ser elaborado para atender às suas exigências específicas. Seja criativo com suas sugestões e com o uso de imagens (veja Capítulos 4 e 5).

Exercício
1. Sente-se e fique confortável. Feche os olhos. Em sua mente, permita-se tirar este tempo precioso só para si, para ser usado em seu benefício.
2. Concentre-se em sua respiração. Conscientize-se de todas as sensações diferentes ao respirar. Isso inclui a consciência da subida e descida de sua caixa torácica, isto é, do ar estar um pouco mais fresco quando você inspira e um pouco mais quente quando expira. Deixar-se absorver pelo ritmo suave de sua respiração pode se tornar bem relaxante com o tempo.

Deixe sua respiração diminuir até um ritmo confortável e homogêneo, a seu próprio tempo e à sua própria maneira.
3. Observe se existem pontos de tensão em seu corpo ou em sua mente e ponha-os para fora ao expelir o ar. À medida que vai respirando mais e mais, as tensões dentro de você vão diminuindo, diminuindo, e você vai limpando seu corpo das tensões de maneira muito especial.
4. Ao inspirar, deixe a tranquilidade e o conforto penetrarem em você. Em pouco tempo, ao expelir as tensões para fora de seu corpo e inspirar tranquilidade e conforto para dentro, você vai respirar cada vez mais calma e paz. Deixe que cada músculo, nervo e fibra de seu corpo se distenda e relaxe. (Se quiser, incorpore neste relaxamento os métodos de relaxamento da respiração e de relaxamento progressivo do corpo descritos anteriormente.) Estimule o conforto da parte mais relaxada de seu corpo a se espalhar gentilmente por todo o corpo, à medida que o tempo vai passando.
5. Visualize em sua mente cinco passos que o conduzam até um lugar especial de relaxamento de sua preferência. Por exemplo, você pode ver uma praia, um jardim ou uma floresta. À medida que dá cada passo, deixe-se ficar cada vez mais relaxado internamente. Conte os passos, de um a cinco, em cada segundo de exalação do ar. Isso pode acalmar e estabilizar ainda mais a respiração.
6. Uma vez nesse lugar especial, empregue todos os seus sentidos para explorá-lo em sua mente. Faça com que ele pareça o mais real possível; veja o que veria lá, escute os sons que ouviria nesse lugar, inspire o cheiro do ar, e assim por diante. Desfrute realmente esse belo lugar em sua mente.
7. Em sua imaginação, acomode-se em um lugar bem confortável e trabalhe os seus objetivos de mudança positiva usando as sugestões e as imagens de sua escolha.
8. Volte os passos. Conte de cinco a um ao inspirar (cada inalação), o que pode ajudá-lo a se tornar mais alerta.
9. Última sugestão antes de abrir os olhos: "Quando abrir meus olhos, eu me sentirei descansado, calmo e alerta".
10. Abra os olhos. Veja como se sente bem! Espreguice!

CAPÍTULO 7

Enfrentando a ansiedade

A única maneira de se livrar do medo de fazer alguma coisa é ir lá e fazê-la. Sinta o medo... mas faça, de qualquer maneira.

Susan Jeffers

Como vimos no Capítulo 2, em particular nos casos de transtornos de ansiedade, é possível que, para algumas pessoas, um evento desagradável, assustador ou traumático esteja associado ao deslanchar da fobia. A lembrança desse evento do passado pode continuar a afetar essas pessoas adversamente na vida atual. Neste capítulo examinaremos como você pode enfrentar e combater as emoções negativas associadas com esse tipo de lembrança do passado. Em seguida, discorreremos sobre algumas maneiras de enfrentar a situação ou o objeto de seu medo no presente.

DIMINUINDO OU NEUTRALIZANDO OS SENTIMENTOS NEGATIVOS ASSOCIADOS A UMA LEMBRANÇA DO PASSADO

Muitos de nós temos memórias negativas que nos afligem de tempos em tempos, mas que não interferem em nossas vidas. Para algumas pessoas, no entanto, certas lembranças ruins podem afetar o presente e o futuro de modo muito perturbador.

Uma paciente venceu a fobia de escrever em público que parecia nascer de uma lembrança de seus dias de escola, quando sua professora gritou tão alto com ela que sua mão tremeu violentamente enquanto tentava escrever. As outras crianças presenciaram o acontecimento e ela se sentiu muito envergonhada. Já adulta, quando tentava escrever em público (por exemplo, em um banco), essa lembrança invadia sua mente e sua mão começava a tremer, criando-lhe outra situação embaraçosa. Na época em que me procurou, ela já tinha decidido que era melhor evitar completamente escrever em público. Quer você tenha uma lembrança que o altere apenas levemente, ou uma que tenha um efeito extremamente constrangedor, você deverá encontrar nesta seção uma técnica que poderá lhe ser útil.

O passado já se foi e está enterrado. Seu único modo de existir é aquele que escolhemos para nos lembrarmos dele em nossa mente. Essa é uma boa notícia, já que podemos mudar as lembranças e seus efeitos. Alguns de vocês podem estar pensando se é bom ou não "falsificar" as crenças que ficaram de uma experiência que, de uma maneira ou outra, fez parte das decisões que tomou na sua vida. As lembranças, no entanto, notoriamente não são confiáveis.

O que é uma lembrança? É apenas um registro da última vez em que você se lembrou daquilo. Todos nós sabemos o quanto as lembranças podem tornar-se distorcidas e pouco acuradas com o tempo. Por outro lado, quando as lembranças se formaram eram apenas uma interpretação da situação daquele momento. É razoável questionar se é certo colocar um programa inflexível em sua mente para governar o resto de sua vida baseado em uma lembrança que se formou dessa maneira.

Para nos assegurarmos de que as lições valiosas do passado podem ser preservadas, às vezes é mais adequado modificar as lembranças com vistas a reduzir ou neutralizar os sentimentos negativos associados a elas, em vez de apagá-las completamente de nossa memória. Por outro lado, essas técnicas são úteis para trabalhar apenas com medos irracionais e ansiedades. Não seria sensato, por exemplo, que uma pessoa que tenha a lembrança de ter sido mordida por um cachorro mude o apropriado sentimento de cautela que agora experimenta na presença de cachorros. Esse é um sentimento racional que se tem. Ele não perturba a vida de uma pessoa, e pode inclusive protegê-la no futuro.

Trabalhando com uma lembrança que provoca sentimentos não muito intensos nem traumáticos

O exercício a seguir é uma adaptação de uma técnica PNL conhecida como "mudando a história pessoal". É bastante útil para trabalhar com uma lembrança quando os sentimentos negativos que ela provoca não são demasiado intensos ou traumáticos. (Mais adiante, abordaremos métodos para tratar de lembranças que despertam emoções mais graves.) Dependendo do tipo de lembrança que você quer trabalhar, talvez se sinta melhor praticando esta técnica na presença de um amigo em que confia, ou junto a um terapeuta experiente.

Exercício
1. Ponha-se confortável e feche os olhos.
2. Identifique o sentimento que deseja trabalhar (como ansiedade, medo ou vergonha).
3. Pense na lembrança mais antiga de ter experimentado esse sentimento.
4. Em uma escala para "sentimentos ruins", indo de 1 a 10 (10/10 sendo o pior sentimento negativo que você poderia sentir), dê uma pontuação para classificar o que sente ao se lembrar desse incidente.
5. Pense num recurso pessoal que teria achado útil naquela situação no passado (por exemplo, confiança, assertividade ou um sentimento de calma).
6. Crie uma âncora (veja Capítulo 5) para esse recurso e teste-a.

7. Ativando a âncora por você estabelecida, viaje em sua mente mais uma vez até a lembrança que deseja trabalhar. A partir de uma perspectiva dissociada (de fora olhando para dentro), veja como você teria reagido de maneira diferente com esse novo recurso.
8. Agora, associe-se a essa lembrança (entre nela) por meio desse recurso e trabalhe o incidente em sua mente como se ele estivesse acontecendo outra vez. Veja como seu novo comportamento altera todo o episódio e a reação de qualquer outra pessoa que possa estar na lembrança, produzindo um resultado muito mais agradável.
9. Se existe alguma coisa de que você não gosta na lembrança que está revivendo dessa nova maneira, volte ao passo 5 deste exercício e identifique e crie outros recursos que possam ser introduzidos na lembrança. (Pode ser útil imaginar como alguém que você realmente admira teria enfrentado essa situação, e depois veja-se agindo e sentindo desse mesmo modo em sua mente. Como vimos no capítulo 3, esse modelo que exemplifica o comportamento desejado pode ser alguém que você conhece, ou um personagem fictício criado em sua imaginação.)
10. Quando você se sentir satisfeito com sua lembrança (quando a tiver transformado da melhor maneira possível), solte sua âncora e abra os olhos.
11. Pense nessa lembrança outra vez e tente sentir o "antigo sentimento". Veja como diminuiu a pontuação com a qual você classificou esse sentimento ruim no começo do exercício. (Se não estiver satisfeito com o resultado final, pode voltar ao passo 5 para mais recursos.)

Trabalhando com uma lembrança que provoca sentimentos intensos e traumáticos

Examinaremos agora algumas maneiras de trabalhar com uma lembrança mais traumática, que produz sentimentos negativos mais intensos que aqueles trabalhados no exercício anterior. Se essa lembrança geralmente é representada em sua mente em uma única imagem principal, o exercício a seguir será adequado. Contudo, o exercício depois do próximo será mais adequado se a lembrança estiver guardada em sua mente como um filme mental, feito de muitas imagens consecutivas. Se a lembrança que você pretende trabalhar provoca sentimentos negativos muito intensos, eu aconselharia firmemente que trabalhasse com um terapeuta experiente em técnicas PNL.

Exercício

1. Decida com que lembrança quer trabalhar. Ao pensar nela, verifique que imagens aparecem em sua mente.
2. Em uma escala de "sentimentos ruins", indo de 1 a 10 (10/10 sendo o pior sentimento que você poderia experimentar), dê uma pontuação para classificar como se sente ao ver essa imagem.
3. Ponha-se confortável e feche os olhos. Conscientize-se dessa lembrança em sua mente.
4. Agora experimente fazer algumas alterações nessa imagem, de maneira semelhante ao método utilizado para trabalhar com pensamentos negativos persistentes (ver capítulo 4). Veja quais são as alterações que melhoram o sentimento ruim ou o neutralizam completamente.
5. Você pode tentar as manipulações a seguir, sempre voltando à imagem "normal" antes de experimentar uma nova alteração:
   Cores: transforme a imagem em preto-e-branco, ou em cores mais vibrantes.
   Distância: leve-a para mais longe ou aproxime-a.
   Claridade: deixe-a mais borrada ou mais focalizada.
   Som: coloque um som adicional (por exemplo, uma música bonita), ou tire o som. Experimente mudar o volume.
   Perspectiva: tire você mesmo da imagem (dissocie-se) e olhe-se na imagem a partir dessa perspectiva. Como alternativa, entre na imagem (associe-se).

Humor: por exemplo, se há outras pessoas na lembrança, vista-as de palhaços! Seja criativo!

Esta lista não é completa. Você pode pensar em outras alterações que ajudem a melhorar os sentimentos negativos.

6. Agora, respirando devagar e profundamente, visualize a lembrança juntando todas as alterações que neutralizam ou melhoram o sentimento negativo. Por exemplo, pode ser que ao colocar a imagem em preto-e-branco, afastá-la, diminuir o foco e dela se dissociar, o sentimento negativo se neutralize. (Se ainda sentir um grau de negatividade maior do que consegue suportar confortavelmente, volte ao cenário das experiências.)
7. Olhe a imagem em sua mente dessa "nova" maneira cinco vezes sucessivas, abrindo os olhos depois de cada vez.
8. Agora, olhe sua "velha" maneira de se lembrar desse fato (se sua mente permitir!) e veja como diminuiu a pontuação com que você classificou no começo o sentimento ruim. Você deve sentir menos negatividade do que antes ou, idealmente, neutralidade em relação a essa lembrança. Se isso não acontecer, volte ao passo 5. Um mudança na maneira como se sente pode se transferir para uma mudança na maneira como você se comporta de agora em diante.

O exemplo de um estudo de caso pode lhe dar uma idéia de como esta técnica muito útil funciona na prática. Lembro-me de usá-la com uma paciente que não gostava de sair de casa quando sabia de antemão que teria de usar um banheiro público. Ela disse que sofria de claustrofobia e ataques de pânico em banheiros públicos.

Nós conseguimos desvendar a lembrança (veja Capítulo 8) de quando, aos sete anos de idade, ela estava no hospital para tirar as amídalas. A maneira antiga de anestesiar os pacientes nesses casos — uma máscara sobre a boca para a inalação de éter — foi uma experiência aterrorizadora para a criança. Ela se lembrava do quarto em que estava: tinha azulejos brancos e canos nas paredes, um pouco parecido com os banheiros públicos. Também não tinha janelas. Na idade adulta, ela achava insuportável entrar em qualquer banheiro público sem janela, não importava quão necessitada estivesse!

É bastante possível que em algum nível de sua mente essa mulher tenha associado o sentimento de horror e pânico com o cenário que a cercava no hospital, e que isso mais tarde tenha se generalizado para os banheiros públicos. Cerca de 38 anos mais tarde, esse medo ainda era provocado em sua mente por sua entrada em banheiros públicos.

Nós fizemos com que ela visualizasse em sua mente a lembrança de quando esteve internada no hospital. Ela lhe deu uma pontuação de 8/10 em uma escala de pânico (10/10 sendo o maior pânico que já tinha sentido). Rapidamente, fiz com que experimentasse algumas alterações na memória e anotamos aquelas que a ajudaram a acalmar o sentimento de pânico.

Quando juntamos essas manipulações positivas da lembrança, terminamos com minha paciente vendo a si mesma em um amplo quarto com janelas, papel de parede florido nas paredes e o pessoal do hospital usando roupas cor-de-rosa! Ao fundo, ela escolheu escutar uma de suas músicas favoritas. Ela sentiu 0/10 na escala de "pânico" ao ver sua lembrança dessa maneira.

Na semana seguinte, a paciente relatou que havia se testado, indo a vários banheiros públicos da cidade e de lojas de departamento. Relatou que a "nova" maneira de ver sua lembrança do hospital vinha à sua mente antes de entrar em cada banheiro. Quando entrava, se não gostasse do "jeito" do banheiro (por exemplo, se não tivesse janelas), ela imaginava o banheiro como gostaria que fosse e simplesmente fingia que ele era assim! Isso fazia com que se sentisse calma e agisse normalmente. Ela se descreveu como uma pessoa "diferente".

Algumas pessoas acham que suas lembranças não podem ser bem representadas por meio de uma única imagem, mas como um filme mental, feito de várias imagens consecutivas. A técnica PNL a seguir é adequada para lembranças assim e é considerada particularmente eficaz no tratamento de fobias e lembranças traumáticas.

Exercício

1. Decida com que lembrança quer trabalhar.
2. Pense numa pontuação de 1 a 10 para classificar como se sente ao ter essa lembrança (10/10 sendo o pior sentimento que você poderia experimentar).
3. Ponha-se confortável, feche os olhos e imagine-se sentada em um cinema olhando para uma tela vazia.
4. Agora comece a ver a lembrança na tela, iniciando pelo ponto imediatamente antes de ter o sentimento negativo. Mantenha essa imagem inicial na tela e coloque-a em preto-e-branco. Imagine que você está saindo de seu corpo e voando até a sala de projeção do cinema; de lá, olhe para você mesma sentada na cadeira e se olhando na tela (veja Figura 8).
5. Na sala de projeção, pressione um botão no projetor para iniciar o filme mental. Assista a esse filme do começo ao fim, em preto-e-branco, da perspectiva da sala de projeção. Mantenha a última cena da lembrança na tela.
6. Agora saia da sala de projeção e voe para dentro da última imagem da lembrança na tela. Coloque cores na imagem e rebobine todo o filme do fim para o começo, na velocidade máxima, em um segundo.
7. Repita os passos 5 e 6 cinco vezes.
8. Agora voe para dentro de seu corpo sentado na cadeira do cinema e assista ao filme do começo ao fim em preto-e-branco. Respire devagar e profundamente e observe como o número inicial de pontuação diminuiu. Se neces-

Enfrentando a ansiedade 79

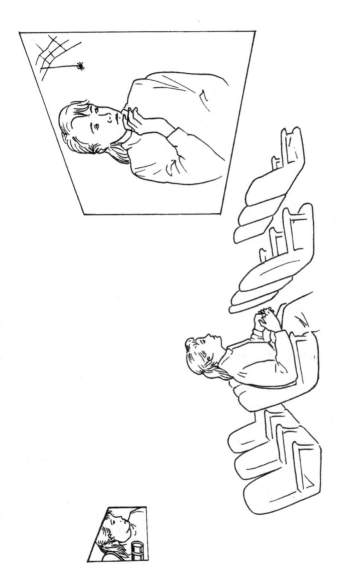

Figura 8. Da perspectiva da sala de projeção, você se vê na cadeira do cinema vendo você mesma na tela

sário, experimente quaisquer outras alterações (veja as técnicas anteriores) para diminuir ainda mais ou neutralizar o sentimento negativo.

Acredita-se que esta técnica seja bem-sucedida porque destrói o padrão habitual da lembrança. Rebobinar o filme muito rapidamente parece provocar uma confusão ou apagar a função de gatilho da imagem inicial da seqüência. Repita a técnica no futuro se o efeito positivo imediato cessar.

ENFRENTANDO A ANSIEDADE E O MEDO NO PRESENTE

Depois de trabalhar com a lembrança do passado que o tem afetado adversamente, você agora estará em uma posição melhor para enfrentar e vencer as situações ou objetos que teme no presente.

A necessidade de se arriscar

O aspecto mais importante do tratamento do medo é a exposição a esse medo. Quanto mais você evita a situação ou o objeto que teme, mais sua ansiedade se desenvolve. Isso, por sua vez, estimula mais ainda o comportamento de evitação. Seu mundo se torna mais e mais limitado à medida que você cada vez se arrisca menos. As coisas vão como bola de neve quando você tenta proteger sua auto-estima das probabilidades de fracasso que teme — a chance de ser incapaz de controlar seus sentimentos de ansiedade, se eles ocorrerem.

Albert Ellis (1962), em seu livro *A Guide to Rational Living* (Guia para uma vida racional), observa que uma expectativa irrealista que causa muita angústia no mundo é a de que devemos fazer tudo de modo perfeito. Em vez de insistir em sentimentos de conforto e exigir um desempenho perfeito toda vez que você assumir um risco, pode ser mais útil considerar a ocasião uma oportunidade para praticar as habilidades de enfrentamento detalhadas neste livro. Enfrentar o desconforto pode lhe proporcionar a prática necessária para lidar diretamente com seus medos.

Portanto, toda vez que tiver coragem de se arriscar, independentemente do resultado, você pode se sentir bem consigo mesmo. O simples fato de se arriscar já é um benefício. É uma situação de "vencer ou vencer". Como observou Patricia, uma paciente agorafóbica em recuperação: "Eu ainda me sinto apreensiva em ir a determinados lugares, mas geralmente eu vou. Fico muito contente comigo mesma quando faço alguma coisa ou vou a algum lugar que me dá medo". O único fracasso possível é a relutância de se arriscar.

Saiba que você pode agüentar o pior

Para enfrentar a ansiedade e o medo, pode ser útil fazer a você mesmo as seguintes perguntas:

- Qual seria a pior conseqüência disso?
- Quão provável é que o pior aconteça?
- Eu poderia viver se o pior acontecesse?

Esse é um exemplo do emprego dos termos da técnica "e se...", desenvolvida pelo dr. David Burns (1990), em que você leva seus medos ao extremo em sua imaginação. Se concluir que pode viver apesar disso, então se libertou desse medo.

Vamos supor que você tenha medo de se sentir constrangido em público. Se o medo que você mais teme se realizar, pode pensar: "Eles vão achar que sou burro". Considere porém estes pontos:

- Existe a possibilidade, de fato, das pessoas falarem assim de você?
- Se isso é possível, realmente tem alguma importância?

A verdade é que as pessoas, de modo geral, não perdem seu tempo julgando ou falando mal de você, e não há motivo para perder seu tempo pensando naquelas que poderiam fazer isso. O mais importante é o que você pensa de si mesmo. Você nunca vencerá se procurar a aprovação de todos ao seu redor. Não conheço ninguém que seja amado por todo mundo!

Encarar a ansiedade e os medos dessa maneira fará com que, freqüentemente, eles se mostrem bem menos terríveis do que você imagina. Ajuda muito colocar as coisas em perspectiva.

Dessensibilização sistemática

Dependendo do nível de sua ansiedade ou medo, pode ser aconselhável praticar a técnica a seguir com um terapeuta experiente. Em vez de se expor repentinamente à situação ou ao objeto que provoca o problema (um processo conhecido como "imersão"), pode ser útil empregar uma técnica-padrão conhecida como "dessensibilização sistemática". Este valioso método requer uma abordagem passo a passo, mais gradual. Embora não essencial, pode ser particularmente útil praticar o exercício a seguir em estado hipnótico (ver Capítulo 6). Trabalhe esta técnica durante semanas e meses.

Exercício

1. Elabore uma escada-alvo de dez degraus, indo do degrau de menor ansiedade ao de maior ansiedade. Por exemplo, se estiver sofrendo de agorafobia, você pode construir uma escada semelhante à seguinte:

a) Colocar o casaco preparando-se para sair.
b) Parar na porta.
c) Dar alguns passos para fora de casa na companhia de um amigo.
d) Dar alguns passos para fora de casa sozinho.
e) Caminhar até a padaria da esquina e voltar, com um amigo.
f) Caminhar até a padaria da esquina e voltar, sozinho.
g) Ir mais longe, a lojas maiores, na companhia de um amigo.
h) Ir mais longe, a lojas maiores, sozinho.
i) Ficar num *shopping center* cheio, por cinco minutos, com um amigo.
j) Ficar num *shopping center* cheio, por cinco minutos, sozinho.

Elabore sua própria escada com degraus específicos para sua situação.

2. Quando se sentir confortavelmente relaxado, pratique em sua imaginação o primeiro degrau da escada. Visualize e viva a situação em sua mente com o maior número de detalhes possível. Utilize afirmações e imagens positivas de modo a se ajudar a se manter calmo. Se você se sentir desconfortável em algum momento, abandone temporariamente a cena em sua mente e concentre-se em respirar mais calma e relaxadamente antes de voltar ao degrau.

3. Só quando se sentir confortável em sua imaginação nesse degrau, tente executá-lo na realidade. (É preferível fazer isso imediatamente após uma sessão de relaxamento.)

4. Pratique seu primeiro degrau várias vezes na vida real até se sentir confiante para passar para o segundo degrau. Então, trabalhe da mesma maneira.

5. Vá subindo a escada segundo seu próprio ritmo, sempre se certificando de que se sente confortável com o degrau na sua imaginação antes de tentar realmente realizá-lo. Haverá a tentação de querer ir muito rapidamente — resista!

6. Depois de completar cada degrau, premie-se de alguma maneira.

CAPÍTULO 8

Explorando mais fundo

Não se sinta desencorajado se não obtiver sucesso imediato... Muitos de nós temos sentimentos subjacentes e atitudes que podem retardar nossos esforços...

Shakti Gawain

Como observado no Capítulo 3, quando uma pessoa está sofrendo de um transtorno de ansiedade é importante ter expectativas realistas em relação à velocidade com que os sintomas podem melhorar. No entanto, e se você já estiver trabalhando consigo mesmo há algum tempo mas ainda não parece perto de atingir seus objetivos? Se esse for o caso, pode ser que, como já discutido antes, existam alguns benefícios em sua situação e/ou razões subjacentes para seu comportamento dos quais você não tem consciência e que precisam ser trabalhados. A essa altura, a ajuda de um terapeuta experiente pode ser particularmente útil. Contudo, como mostraremos neste capítulo, ainda há muita coisa que você pode fazer por si mesmo.

DESVENDANDO INFORMAÇÃO IMPORTANTE

Um método freqüentemente usado para desvendar informações encobertas na parte mais profunda da mente foi elaborado por Bresler (1990). Em nossa vida cotidiana, a maioria de nós está familiarizada com alguma forma de comunicação com uma parte mais profunda, geralmente mais sábia, de nós mesmos. Não raro nos referimos a isso como uma "intuição", um "palpite". A abordagem de Bresler, conhecida como a "técnica do conselheiro interior", sugere dar voz e forma a essa sabedoria interior na imaginação quando se está em um estado confortável e relaxado. Faça o exercício a seguir em um ritmo confortável.

Exercício
1. Feche os olhos e ponha-se confortável e relaxado. Visite seu "lugar especial" de relaxamento, se desejar.
2. Visualize seu conselheiro interior em sua imaginação. (Por exemplo, quando faço este exercício, vejo meu conselheiro como um velho sábio parecido com a figura do mágico Merlin que eu via nos livros infantis muitos anos atrás. Ele tem longas barbas grisalhas e veste um manto azul esvoaçante!)
3. Aproxime-se de seu conselheiro. Peça desculpas a ele/ela por não ter lhe dado mais atenção no passado e deixe claro que será mais aberto a esses conselhos no futuro.
4. Pergunte a seu conselheiro se ele/ela está disposto/a a ajudá-lo em relação ao problema atual. Para evitar confusão em sua cabeça quanto à verdadeira resposta do seu conselheiro, pode ser útil fazer as perguntas ao exalar. A primeira resposta que vier ao inspirar pode ser considerada a resposta de seu conselheiro. Sempre agradeça a ele/ela pela resposta.
5. Se a resposta à pergunta colocada no último passo foi positiva, você pode então fazer qualquer pergunta que julgar apropriada para começar a compreender melhor os possíveis motivos subjacentes e "ganhos secundários" ou benefícios associados ao seu comportamento ansioso. A seguir estão listadas algumas perguntas que talvez você ache útil fazer ao seu conselheiro. Depois de cada pergunta, faça uma pausa e dê tempo suficiente para a resposta de seu conselheiro.
- Qual é a causa do meu transtorno de ansiedade?
- O que está impedindo minha recuperação? Existem problemas subjacentes que eu deveria estar examinando? Quais são?

- Existe algum benefício para mim nesta situação? Qual?
- Como eu poderia obter esses benefícios de maneira mais adequada?
- O que você acha que devo fazer para me recuperar de fato?
- Existe alguma outra informação que eu deveria saber? Se existe, qual é?
6. Quando terminar, agradeça a seu conselheiro pela ajuda.
7. Segundo seu próprio ritmo, abra os olhos e sinta-se calmo, motivado e alerta!

Pode haver ocasiões em que seu conselheiro não responderá às perguntas. Uma razão para isso pode ser o fato de ele ou ela não entender completamente o que você está perguntando. Se esse for o caso, pode ser útil repetir a mesma pergunta de várias maneiras diferentes. Se mesmo assim não obtiver resposta, pode ser que seu conselheiro esteja agindo protetoramente, não respondendo a sua pergunta porque acha que você não está preparado para lidar com as respostas em um nível consciente. Sendo assim você pode perguntar a seu conselheiro o que deve fazer para estar em condições de receber tais informações. Se seu conselheiro insistir em manter a informação no nível subconsciente, a técnica da próxima seção será especialmente útil, pois permite que o trabalho seja efetuado com essa informação, embora a mantendo fora do conhecimento consciente.

NEGOCIANDO COM A MENTE SUBCONSCIENTE

Existe outro método que pode ser útil quando se quer lidar com a área de "ganhos secundários" ou com os benefícios de um comportamento indesejável. Bandler e Grinder (1979) referem-se à técnica PNL que explicaremos nesta seção como "reenquadramento consciente". Consistentemente com o ponto de vista expresso neste livro, o método supõe que parte da mente subconsciente que controla um transtorno de ansiedade acredita que o comportamento envolvido serve a algum propósito ou intenção em determinada situação ou contexto. Assim, parte de sua mente subconsciente não preparará o caminho para você se livrar de seu transtorno a menos que encontre outra alternativa melhor para conseguir esse propósito.

Comparemos isso a uma montanha que está no caminho do lugar aonde você deseja chegar. Você pode começar tentando escalar a montanha íngreme, já que talvez considere essa a única maneira de chegar aonde pretende. Então, alguém pode lhe mostrar um caminho diferente e mais adequado que você não viu — um caminho que contorna a montanha! Você pode obter os mesmos benefícios (chegar ao seu destino) de uma maneira melhor, e assim abandonar o comportamento inicial (escalar a montanha íngreme).

O exercício seguinte lhe ensinará a técnica do "reenquadramento consciente" com detalhes. Para uma síntese do método, veja a Figura 9.

Exercício

1. Feche os olhos e ponha-se confortável e relaxado. Visite seu "lugar especial" de relaxamento, se desejar.
2. Expresse seu agradecimento à parte de seu subconsciente que controla seu transtorno de ansiedade por tudo o que ela tem feito por você. (Isso pode parecer estranho, mas lembre-se de que a intenção dela é sempre o seu bem!) Dê um nome a essa parte da mente subconsciente; por exemplo, neste exercício vou me referir a ela como "parte do transtorno de ansiedade". Você pode dizer: "Eu quero agradecer a você, a 'parte do transtorno de ansiedade' de minha mente subconsciente, por cuidar de mim da maneira que acha mais adequada".

3. Estabeleça sinais de comunicação da "parte do transtorno de ansiedade", perguntando: "Eu gostaria que você, a 'parte do transtorno de ansiedade', se comunicasse comigo conscientemente. Por favor, você poderia me mostrar um sinal de positivo?" Deixe-se ficar aberto e alerta enquanto espera a resposta. O sinal muitas vezes pode se apresentar como uma leve sensação em qualquer parte do corpo. Uma resposta válida é aquela que não pode ser controlada pela vontade. (Por exemplo, uma paciente, ao praticar esta técnica, teve como sinal um formigamento nos lábios.) Quando sentir que recebeu a resposta, agradeça à "parte do transtorno de ansiedade". Certifique-se de que não pode produzir o mesmo sinal conscientemente. Se puder, repita a pergunta até receber um sinal legítimo de resposta do subconsciente.
4. Repita o último passo, agora para determinar um sinal claro e definido de "não". Você então estará em condições de fazer à essa parte de sua mente subconsciente qualquer pergunta que possa ser respondida com um "sim" ou com um "não". (Lembre-se sempre de agradecer à essa parte mais profunda de sua mente por todos os sinais emitidos neste exercício.)
5. Diga à "parte do transtorno de ansiedade" que as coisas podem melhorar. Você pode dizer: "Eu sei que o comportamento que você controla serve a um propósito muito positivo para mim, mas eu gostaria de dizer que as coisas podem melhorar ainda mais. Talvez exista um outro comportamento que pode servir ao mesmo propósito positivo e seja mais apropriado".
6. Quer tenhamos ou não consciência disso, todos podemos ser criativos em determinados momentos da vida. Esse passo implica pedir à sua criatividade que o auxilie com o problema. Solicite a sua "parte do transtorno de ansiedade" que comunique seu propósito positivo à "parte criativa" da mente subconsciente e peça a ela para criar dez novas escolhas de comportamento que sirvam ao mesmo propósito. Peça que a "parte do transtorno de ansiedade" lhe mostre o sinal de "sim" quando tiver

conhecimento desses dez novos comportamentos. (Atenção: o mais provável é que você não tenha conhecimento consciente desses novos comportamentos.)
7. Agora peça à "parte do transtorno de ansiedade" que escolha três dentre esses dez novos comportamentos, certificando-se de que eles são: a) Tão bons ou melhores do que o comportamento original; b) Imediatamente disponíveis; c) Adequados para você na vida que deseja levar. Peça que o sinal de "sim" seja dado cada vez que uma escolha tiver sido feita.
8. Depois de receber três sinais de "sim", agradeça à "parte do transtorno de ansiedade" e à "parte criativa" pelo trabalho e cooperação.
9. Peça à "parte do transtorno de ansiedade" que visualize você no futuro praticando esses três novos comportamentos (e veja como as coisas podem melhorar em decorrência disso). Peça que ela use o sinal de "sim" para mostrar quando esse trabalho terminar.
10. Pergunte à "parte do transtorno de ansiedade" se ela gostaria de usar um ou todos esses três novos comportamentos por um período de teste de três semanas. Espere pela resposta.
11. Se a resposta for "sim", diga que o resultado desse período de teste pode determinar se o(s) novo(s) comportamento(s) deve(m) ser adotado(s) permanentemente. Se a resposta for "não", assegure à parte que ela poderá voltar ao novo comportamento outra vez se não ficar satisfeita com os resultados do período de teste. Se a resposta ainda for "não", você pode fazer todo o exercício outra vez com a parte que está fazendo a objeção.
12. Depois de receber a concordância sobre o período de teste, verifique se essa situação é satisfatória para todas as suas outras partes, da seguinte maneira: "Há alguma parte de mim que não concorda com a decisão sobre o período de teste com o(s) novo(s) comportamento(s)?" Espere um sinal de "não". (Um sinal de "sim" pode ser trabalhado repetindo-se todo o exercício com a parte que faz a objeção.)

13. Abra os olhos segundo seu próprio ritmo e sinta-se calmo, motivado e alerta!

Como o(s) novo(s) comportamento(s) que será(ão) testado(s) no período de teste em geral é(são) mantido(s) no nível subconsciente, conscientemente você pode se sentir seguro de que, seja qual for o comportamento, ele será, no mínimo, tão eficaz ou melhor que o original. Como observamos antes desse exercício, já que o novo comportamento pode servir ao mesmo propósito positivo ou benefícios que o comportamento indesejável, você agora tem melhores condições de se livrar desse antigo comportamento indesejado (desde que o resultado do período de teste tenha sido considerado positivo).

Se o comportamento original reaparecer passadas as três semanas de teste, pode ser que as três novas escolhas de comportamento não tenham sido suficientes para satisfazer o propósito ou a intenção da "parte do transtorno de ansiedade". Se isso acontecer, será necessário então voltar ao exercício e pedir à "parte criativa" três outras novas escolhas de comportamento.

92 *Ansiedade, fobias e síndrome do pânico*

COMEÇO

Expresse seu agradecimento à parte de seu subconsciente que controla seu transtorno de ansiedade por tudo que ela tem feito por você. Estabeleça sinais de comunicação de "sim" e "não".

SINAL DE "SIM"   SINAL DE "NÃO"

Peça à "parte criativa" da mente subconsciente que mostre à "parte do transtorno de ansiedade" dez novas escolhas de comportamento, todas servindo ao mesmo propósito do comportamento original.
Peça que a "parte do transtorno de ansiedade" lhe mostre o sinal de "sim" quando tiver conhecimento desses dez novos comportamentos.

SINAL DE "SIM"

Peça à "parte do transtorno de ansiedade" que escolha os três melhores desses dez novos comportamentos, e que faça o sinal de "sim" depois que cada escolha tiver sido feita.

3 SINAIS DE "SIM"

Peça à "parte do transtorno de ansiedade" que visualize você no futuro praticando esses três novos comportamentos e que use o sinal de "sim" quando esse trabalho terminar.

SINAL DE "SIM"

Pergunte à "parte do transtorno de ansiedade" se ela gostaria de usar um ou todos esses três novos comportamentos por um período de teste de três semanas.
Espere pela resposta.

SINAL DE "SIM"

Há alguma parte de você que não concorda com essa decisão?
Peça um sinal.

SINAL DE "NÃO"

FIM

Figura 9. Síntese do exercício de "reenquadramento consciente"

CAPÍTULO 9

Outras maneiras de ajudar você a se apossar da sensação de liberdade

A cura da parte não deve ser tentada sem o tratamento do todo.

Platão

Neste capítulo examinaremos algumas das muitas outras maneiras práticas que podem ajudar a melhorar a situação de quem sofre de transtornos de ansiedade. Até agora nosso foco principal foi a abordagem psicológica da ansiedade, o que incluiu mostrar algumas maneiras de usar sua mente para ativamente acalmar seu corpo. A última metade deste capítulo tratará do outro lado da moeda: as muitas maneiras positivas de trabalhar com seu corpo para beneficiar o estado da sua mente.

INDO MAIS DEVAGAR

Ao se sentir ansioso, é fácil cair na armadilha de apressar as coisas na tentativa de pôr logo um fim nos sentimentos desconfortáveis. Entretanto, quanto mais você se apressar, tanto mais provável é que a ansiedade se torne uma bola de neve. Será muito mais útil se for mais devagar. Esforce-se ao máximo para ir devagar e calmamente reduzindo o ritmo de seus pensamentos.

Também é útil exigir menos de você mesmo. Priorize suas atividades e permita-se pequenos intervalos durante o dia. Dê a si mesmo o tempo necessário para mergulhar e se envolver em atividades que curte e acha terapêuticas, como trabalhar no jardim ou fazer um bolo.

SENDO ASSERTIVO

O dr. Burns (1990) acredita que a ansiedade e o pânico são causados por sentimentos negativos reprimidos. Seguindo a mesma linha da teoria psicanalítica (veja Capítulo 2), ele afirma que uma pessoa pode se tornar ansiosa ou entrar em pânico quando evita os conflitos que a estão preocupando. Ao enfrentar esses problemas, a ansiedade freqüentemente diminui ou desaparece. Isso muitas vezes pode incluir atitudes como se tornar mais assertiva.

As pessoas assertivas comunicam o que pensam e sentem. Elas sabem dizer "não". Ao deixarem suas necessidades e problemas se tornarem conhecidos, elas enfrentam os conflitos não de maneira agressiva, mas polida e firmemente. Os direitos dos outros, assim como os delas, são respeitados. Elas se responsabilizam por suas próprias necessidades em vez de esperar que os outros sejam leitores de mentes.

Como qualquer outra habilidade, as pessoas podem aprender a ser assertivas e praticar. Se você sente que precisa de ajuda em relação às suas habilidades de comunicação, por que não se matricula em um curso prático de assertividade?

PERDOANDO A SI MESMO E AOS OUTROS

Saber perdoar é uma das mais importantes virtudes que você precisa adquirir para se tornar uma pessoa mais calma. Quando nega o perdão, *você* sofre; na maioria das vezes a pessoa que o ofendeu nem mesmo sabe o tormento pelo qual você está se fazendo passar! Ela continua a curtir a vida, enquanto você atravanca sua alma com sentimentos desagradáveis. Culpar os outros é uma atitude inútil!

Às vezes, perdoar a si mesmo pode ser até mais difícil do que perdoar os outros. Se você não se perdoou por alguma coisa no passado, eu gostaria de lhe dizer que você já sofreu o bastante. Prolongar sua agonia vai ajudar em quê? Você tem uma escolha: ou se acorrenta ao trauma do passado, ou vai em frente com sua vida.

VIVENDO O AGORA

Tantas pessoas adiam a felicidade: "Quando tal e tal coisa acontecerem, *então* sim serei feliz!" Que tal ser feliz agora? Nós não sabemos quanto tempo teremos neste planeta e o que estamos vivendo não é um ensaio geral; então por que não tirar o máximo de cada momento? O dr. Stanton (1983) recomenda que se considere cada dia como a própria vida, que se estende da hora em que se levanta da cama até a hora de dormir outra vez. Você pode moldá-la da maneira que preferir.

Tudo que você tem é o agora — o passado já se foi, está acabado; o futuro ainda vai acontecer. Seja o que for que estiver fazendo, curta o momento presente.

FAZENDO UM DIÁRIO OU AGENDA

Viver no presente é muito mais fácil se sua mente estiver limpa. Desembarace sua mente e se organize melhor usando uma agenda para escrever as coisas de que precisa se lembrar. Talvez também seja útil usar um diário para controlar como você está progredindo enquanto pratica os exercícios deste livro. Por exemplo, você pode anotar as situações ou acontecimentos com que sente que está lidando mais calmamente do que no passado. Registrar os resultados positivos pode ajudar a motivar e encorajar a continuação do trabalho em sua mente.

MUDANDO DE COMPANHIA

Na maioria das vezes, somos todos muito suscetíveis à influência das pessoas ao nosso redor. A amizade com pessoas positivas ensina a ser positivo; com pessoas negativas, aprendemos a ser negativos. Decida o que você quer para sua vida e escolha suas amizades de acordo com isso.

DANDO RISADAS

Norman Cousins (1979) conta como se ajudou a recuperar de uma doença grave usando o riso como principal remédio. O riso ajuda a pessoa a se livrar das emoções negativas. Enfrentar a ansiedade e os problemas com humor pode realmente enriquecer sua vida. Assista a filmes e leia livros que façam você rir. Escute piadas. Esforce-se seriamente para ser bem-humorado!

ATENÇÃO AO QUE COME!

O alimento que uma pessoa ingere pode desempenhar um papel importante tanto para aumentar como para diminuir os sintomas da ansiedade. De modo geral, estes são os alimentos que devem ser evitados:

- doces (alimentos contendo açúcar simples — biscoitos, bolos e sorvetes);
- cafeína (encontrada no café, chá preto, bebidas leves e chocolate);
- laticínios (queijo, iogurte e leite);
- álcool.

Uma dieta bem equilibrada inclui frutas e vegetais frescos, nozes e castanhas, fibras, peixe, carne e aves (com moderação) e pode ajudar a fortalecer a capacidade de seu corpo de tolerar o estresse. Os alimentos ricos em vitaminas do complexo B, vitamina C, vitamina E, magnésio, potássio, cálcio, zinco e fósforo (veja figura 10) são considerados benéficos no combate ao estresse. Ervas como camomila, louro, flores de maracujá, erva-cidreira têm efeito calmante. (Atenção: se já está tomando algum medicamento, consulte seu médico antes de usá-las.)

É útil se conscientizar de como a comida pode afetar sua disposição. O que você come pode fazer grande diferença quanto à maneira como você se sente. Gradualmente, substitua os alimentos que ajudam a "disparar o gatilho do processo de ansiedade", fazendo escolhas mais saudáveis.

EXERCITANDO-SE

A reação "lutar-ou-fugir" mobiliza reservas de energias no corpo para prepará-lo para a ação. Todavia, como muitas pessoas "mantêm o estresse", isso pode acarretar um excesso de energia sendo armazenada nos músculos na forma de um aumento de tensão. O exercício físico constitui um meio de soltar essa tensão. Também tem a benéfica função extra de liberar endorfinas na corrente sangüínea (os próprios hormônios naturais do corpo que nos fazem "sentir bem"), o que explica a sensação de bem-estar que advém depois do exercício.

Como afirmamos antes, é muito mais fácil relaxar mentalmente se seu corpo estiver relaxado. Além disso, concentrar-se no que está fazendo enquanto se exercita pode muitas vezes distraí-lo dos estresses e preocupações. O dr. Egil Martinsen (1990), examinando a literatura específica, conclui: "Os dados disponíveis indicam que o exercício físico regular merece lugar em um programa completo de tratamento da ansiedade e da depressão".

Vitamina/Mineral	Boa fonte dietética
Vitaminas do complexo B	Trigo Carne Cereais integrais Proteínas vegetais (por ex., soja)
Vitamina C	A maioria das frutas Vegetais verdes Fígado Rim Batatas
Vitamina E	A maioria dos óleos vegetais Nozes Sementes Alface
Magnésio	Nozes Feijão de soja Cereais integrais Vegetais verdes, folhudos
Potássio	Frutas frescas Vegetais Cereais integrais
Cálcio	Vegetais verdes, folhudos Nozes Feijão Lentilha
Zinco	Nozes Batatas Centeio Aveia Alho
Fósforo	Nozes Cereais integrais Peixe, carnes e aves Legumes

Figura 10. Boas fontes dietéticas de vitaminas e minerais considerados benéficos no combate ao estresse

Antes de começar um programa de exercícios físicos, recomendo que fale com seu médico. As pessoas que sofrem de ataques de pânico devem saber que alguns dos efeitos dos exercícios físicos (por exemplo, a respiração acelerada) podem lembrar os efeitos dos ataques. Estabeleça gradualmente seu programa de exercícios.

MASSAGEM

Outro método para liberar a tensão que o estresse coloca no corpo é a massagem. Uma boa massagem pode relaxar os músculos tensos, aliviar as dores e melhorar a circulação. Sempre recomendo enfaticamente que o paciente faça um tratamento com um massagista profissional, quando possível. Caso não seja, um companheiro ou um amigo pode ajudar.

Você também pode aprender algumas técnicas de automassagem. Por exemplo, para ajudar a aliviar uma dor de cabeça ou a sensação generalizada de tensão, você pode trabalhar da seguinte maneira: com movimentos gentis de pancadinhas, trabalhe do centro de sua testa em direção às têmporas e depois para cima, na direção da raiz do cabelo, uma mão seguindo a outra.

ACUPRESSÃO

A ansiedade e seus sintomas físicos também podem ser aliviados transitoriamente com a acupressão, ou seja, a aplicação de pressão em pontos específicos no corpo. De acordo com a medicina tradicional chinesa, a energia (ou Qi) circula pelo corpo através de canais chamados meridianos. Na saúde, essa energia flui de maneira homogênea, mas se desequilibra na doença. Como no caso da acupuntura, o objetivo da acupressão é tratar desse desequilíbrio, restaurando o fluxo harmonioso de energia no corpo.

Por exemplo, uma dor de cabeça relacionada com o estresse, que se estende da nuca ao alto da cabeça, pode ser aliviada pela pressão de dois pontos na base do crânio, usando os polegares. Como podemos ver na Figura 11, esses pontos estão na junção do pescoço e o crânio em ambos os lados da proeminência óssea (protuberância occipital externa). Mantenha a pressão por cinco minutos ou até aliviar a dor. A dor de cabeça frontal pode ser aliviada pela acupressão em cada lado das têmporas, no vão imediatamente sobre e para fora das sobrancelhas (veja Figura 12).

As palpitações podem diminuir com uma massagem feita na carótida sinus. Ela pode ser sentida no pescoço logo atrás do ângulo do queixo, onde se sente o pulso. Massageie ambos os lados, como mostrado na Figura 13 — isso fará seu coração ir mais devagar. A náusea pode ser aliviada pressionando-se um ponto localizado aproximadamente a dois dedos de largura do vinco do pulso na linha do meio entre os tendões, do lado da palma da mão (veja Figura 14). Massageie o ponto na mão direita com a esquerda, e vice-versa, por alguns minutos cada. (Existe à venda uma pulseira com botões para ser colocada sobre esse ponto e, assim, controlar o enjôo de deslocamentos.)

CONSCIENTIZANDO-SE DE SUA
POSTURA E DA EXPRESSÃO FACIAL

Vimos no Capítulo 4 como os pensamentos negativos podem diminuir sua disposição. Também é certo que a sua fisiologia pode ter um efeito direto na maneira como você se sente. Foi William James, um psicólogo famoso em Harvard no final do século XIX, quem primeiro formulou a teoria de que a emoção que sentimos resulta da realimentação (*feedback*) de mudanças corporais.

Outras maneiras de ajudar você a... 101

*Figura 11. Pontos para aliviar a dor
de cabeça relacionada com
o estresse que se estende da
base do pescoço até
o alto da cabeça*

*Figura 12. Pontos para aliviar
a dor de cabeça frontal*

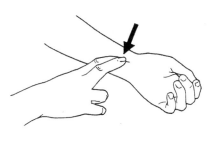

*Figura 13. Pontos para aliviar
as palpitações*

*Figura 14. Ponto para aliviar
a náusea*

Façamos uma experiência. Deixe seus ombros caírem e olhe para baixo com uma expressão séria no rosto por cerca de vinte segundos. Observe como se sente. Não é verdade que sua disposição diminuiu um pouco? Da mesma maneira, você provavelmente notará uma melhora óbvia em sua disposição de ânimo se sentar-se ereto, olhando para cima e sorrindo. Experimente.

A aceitação dos efeitos das mudanças do corpo na disposição de ânimo se reflete até no linguajar cotidiano, quando dizemos, por exemplo, que estamos "nos sentindo pra baixo", ou que as coisas "estão pra cima". Portanto, da próxima vez que estiver de mau humor, se não houver razão aparente para tal estado de ânimo, verifique sua postura e expressão facial e altere-as, se necessário, para ajudar a alterar positivamente a maneira como se sente.

Trabalhar com seu corpo, assim como trabalhar com sua mente, pode ajudá-lo a se sentir melhor física e mentalmente. Cuidar melhor de você, de modo geral, pode contribuir no sentido de ajudá-lo a se sentir controlando mais sua própria vida. Não é bom saber que há tanta coisa que você pode fazer para ajudar a manter sua ansiedade sob controle!?

CAPÍTULO 10

Ajuda de profissionais e de amigos

Os humanos temem ser humilhados e dominados por sentimentos mais do que temem a morte... Coragem é ousar sentir a incrível vulnerabilidade de ser humano.

Tom Rusk e Randy Read

Ao trabalhar consigo mesmo, você pode sentir que vale a pena, de tempos em tempos, procurar ajuda, orientação e apoio adicionais. Se seu estado for particularmente grave, você pode decidir fazer isso logo. Neste capítulo examinaremos brevemente a ajuda disponível.

TRATAMENTO MÉDICO

Como observado no Capítulo 2, a terapia com medicamentos nunca deve ser usada como substituto para o aconselhamento ou a psicoterapia no controle da ansiedade e transtornos com ela relacionados. Isso, contudo, não significa negligenciar o fato de que a medicação pode ser adequada em algumas circunstâncias. Por exemplo, se os sintomas da ansiedade são tão graves que a pessoa não consegue funcionar e levar adiante suas atividades diárias normais, a terapia de curto prazo com medicamento pode ser útil.

Efeitos tóxicos colaterais, e mesmo o risco de se viciar, são conseqüências possíveis ao se tomar doses altas e por longo prazo de muitos medicamentos prescritos para o controle da ansiedade. Portanto, antes de concordar em aceitar a medicação, será útil discutir alguns pontos com seu médico, incluindo os seguintes:

- Quais são os riscos e os efeitos colaterais potenciais do medicamento?
- Quais são os possíveis benefícios?
- Há alguma restrição em relação às atividades normais que você deveria conhecer? (Por exemplo, se o medicamento pode deixá-lo sonolento, você não deve dirigir.)
- Por quanto tempo seu médico pretende mantê-lo sob determinado medicamento? Serão evitados os riscos de possíveis efeitos da suspensão do remédio?

Se você estiver sob medicação, consulte seu médico antes de reduzir a dosagem ou parar de tomá-la. Pode ser vital fazer isso gradualmente para diminuir a probabilidade de possíveis efeitos da suspensão do remédio.

Até os anos 1960 (se a ansiedade fosse tratada de alguma maneira), os barbitúricos eram recomendados. Eles, no entanto, entraram em descrédito devido a seus efeitos colaterais adversos e ao perigo de overdose. Hoje três classes de medicamentos são empregados para o controle da ansiedade: tranqüilizantes leves (agentes ansiolíticos), antidepressivos e betabloqueadores. Examinaremos rapidamente cada um deles.

Tranqüilizantes leves (agentes ansiolíticos)

As drogas benzodiazepínicas — por exemplo, Clordiazepóxido (Limbritol), Diazepam (Valium) e Lorazepam (Lorium) — estão nesta classe. Elas são, até o presente, a medicação mais amplamente prescrita para a ansiedade. As benzodiazepinas atuam deprimindo o sistema nervoso central, em particular a parte do cérebro sob controle involuntário (o sistema límbico).

A diferença entre as benzodiazepinas específicas refere-se à duração de sua ação e ao grau relativo de sedação.

Conseqüentemente, algumas são usadas como pílulas para dormir, enquanto outras são usadas como remédios contra a ansiedade. Em ambas as situações, apenas o uso de curto prazo é aconselhável (duas semanas ou menos). O uso de longo prazo pode resultar na dependência da pessoa e o remédio também pode perder seu efeito positivo (de sedação ou de anti-ansiedade). Os efeitos colaterais podem incluir fadiga, sonolência, confusão e sensação semelhante à da ressaca. Em alguns casos, os mesmos sintomas que você quer tratar podem de início ocorrer como reação ao medicamento. Portanto, ocasionalmente, a ansiedade pode aumentar antes de qualquer melhora ser observada.

Remédios antidepresssivos

Muitos pacientes que sofrem de ansiedade são medicados com antidepressivos, acreditando-se que existe muita superposição entre os transtornos de ansiedade e a depressão. Há um grande número de antidepressivos à disposição, sendo que os mais amplamente usados são os tricíclicos, por exemplo, Amitriptylina (Tryptanol), Imipramina (Tofranil), Doxepin (Sinequan), Nortriptylina (Pamelor) e Desipramina (Norpramin). Um grupo mais novo, que tende a ter menos efeitos colaterais, inclui drogas como Fluoxetina Hidroxitripitamina (Prozac) e Paroxetina (Aropax)*.

Acredita-se que os antidepressivos atuam aumentando o nível de alguns neurotransmissores (químicas que permitem a transmissão de uma célula nervosa para outra e que, em decorrência, têm efeitos profundos na disposição, apetite, sono etc.) no cérebro. Antidepressivos tricíclicos podem levar mais de duas semanas para apresentar um efeito benéfi-

---

* Novos medicamentos antidepressivos surgiram no mercado depois que este livro foi escrito. Consulte o seu médico a esse respeito. (N. E.)

co. Os efeitos colaterais são comuns e podem incluir sonolência, boca seca, visão borrada, dificuldade de urinar, constipação, palpitações, irregularidade de ritmo cardíaco e ocasionalmente tremores nas mãos. Em geral, os sintomas de ansiedade e depressão melhoram ao mesmo tempo, embora em alguns casos a ansiedade possa continuar por algum tempo depois que a depressão melhora. Ao contrário das benzediazepinas, essas drogas não provocam dependência física.

Betabloqueadores

Os betabloqueadores são muito usados no controle da ansiedade. Eles agem ajudando a reduzir a hiperatividade do sistema nervoso simpático (a parte do sistema nervoso responsável pela reação "lutar-ou-fugir) e tendem a inibir algumas das manifestações físicas da ansiedade (por exemplo, rubor, tremor e palpitações). Isso pode ajudar a quebrar a espiral autoperpetuadora da ansiedade descrita no capítulo 1 (onde a interpretação equivocada das manifestações físicas aumenta os níveis de ansiedade que, por sua vez, aumentam as manifestações físicas).

Um dos betabloqueadores mais prescritos é o Propranolol (Inderal). Os efeitos colaterais podem incluir tontura, fadiga, sonolência, náusea e queda de pressão sangüínea. A medicação em bases regulares pode ter efeitos de abstinência se não for suspensa gradualmente.

Uma droga relativamente nova que não se inclui em nenhuma das categorias precedentes é a Buspirona Hydrochloride (Buspar). Ela está se tornando a droga mais procurada pelas pessoas que sofrem de transtorno de ansiedade generalizada. Acredita-se que atua em sítios receptores específicos no cérebro. Não é uma droga que provoca dependência física nem causa sonolência excessiva. Os efeitos colaterais, no entanto, podem incluir tontura, insônia e nervosismo.

PSICOTERAPIA

A ansiedade irracional muitas vezes necessita ser tratada por alguém com experiência em psicoterapia. Você pode pedir a seu médico que lhe indique um terapeuta ou talvez prefira procurar você mesmo outras indicações. É importante escolher um profissional competente. Como os terapeutas variam muito quanto à duração e à qualidade de seu treinamento, é útil verificar os seguintes itens:

- De quanto tempo foi sua formação profissional e quais são suas qualificações?
- Tem registros profissionais, e em quais organizações?
- Há quanto tempo está exercendo a profissão?
- Qual é sua política de pagamento por sessão? (Eu ficaria um pouco desconfortável com o terapeuta que cobrasse adiantado por um número determinado de sessões. Em geral, não é possível para um terapeuta estimar acuradamente no começo quantas sessões serão necessárias.)
- Tem experiência no tratamento dos transtornos de ansiedade?

O trabalho inicial incluirá o conhecimento de toda a sua história, a avaliação de seus sintomas e a decisão, juntamente com você, de qual será a melhor abordagem para seu tratamento. O terapeuta trabalhará com você confrontando e lidando com todas as possíveis questões subjacentes que podem estar causando ou mantendo seus sintomas e lhe ensinará a mudar pensamentos e crenças prejudiciais. Os períodos de tratamento variam de pessoa para pessoa e são elaborados para as necessidades específicas individuais.

Além de se sentir confiante em relação aos antecedentes profissionais do terapeuta por você escolhido, é igualmente importante para o sucesso de seu tratamento que você se sinta confortável com essa pessoa.

FAMÍLIA E AMIGOS

Um aspecto importante no tratamento da ansiedade é ser capaz de falar sobre ela e pedir ajuda às pessoas ao seu redor, se necessário. Freqüentemente os problemas menos complicados podem ser vistos sob uma ótica mais positiva depois de uma conversa tranqüila com alguém disposto a ouvir. Algumas vezes, no entanto, por mais estranho que possa parecer, e particularmente no caso dos que têm fobias, a gentileza, a ajuda e o apoio excessivos das pessoas à sua volta podem aumentar o problema ao invés de aliviá-lo.

Se a quantidade dessa ajuda puder ser "limitada" adequadamente, pode deixar mais espaço para você, como portador de fobia, ganhar confiança e alimentar um sentido de independência à medida que enfrenta seus sentimentos de desconforto. Carência de cuidado ou excesso de proteção são ambos contraproducentes. Também as perguntas de pessoas ao seu redor, do tipo "Você está bem?" ou "Você vai ser capaz de agüentar?", devem ser evitadas porque chamam a atenção para seus sintomas.

Pode ser produtivo para familiares e amigos ler este livro para que tomem conhecimento das maneiras como você estará trabalhando consigo mesmo e para que possam ajudá-lo em seus esforços. Eles podem mantê-lo estimulado, seguro e motivado em sua jornada.

ORGANIZAÇÕES DE AUTO-AJUDA

Muitas pessoas gostam de se unir a grupos leigos de pessoas com problemas similares aos delas. Além de usarem o serviço de informações que essas organizações oferecem, é possível fazer amizade com outros membros com os quais podem compartilhar experiências comuns e dicas. Se a organização se dedicar à superação dos problemas e à procura de soluções em vez de apenas "ser um muro de lamentações", pode vir a ser de fato um apoio benéfico.

PENSAMENTO PARA CONCLUIR

Enfrentar um transtorno de ansiedade pode ser uma experiência isolada e solitária. Mas o fato é que você não está só; é um entre vários. Meu desejo é que este livro possa agir como apoio e guia para seu trabalho de recuperação. Selecione os conceitos que funcionam melhor para você e desenvolva gradualmente seu próprio plano de tratamento.

Como esboçado no Capítulo 3, para tornar-se a pessoa mais calma que você deseja ser é preciso que você *queira* mudar e esteja determinado a se esforçar o quanto for necessário. Não há varinha mágica de condão; tudo depende de você.

E então: você vai deixar sua vida continuar como está ou vai adotar uma atitude positiva? Desejo-lhe tudo de bom.

A você nunca é dado um desejo
sem que lhe seja dado também
o poder de transformá-lo em realidade.
Porém, talvez você tenha que trabalhar por ele.

Richard Bach

Leituras complementares*

LIVROS RECOMENDADOS

Bandler, R. *Usando Sua Mente*, Summus Editorial.
Burns, D. D. *The Feeling Good Handbook*, A Plume Book.
Coleman, V. *Técnicas de Controle do Estresse*, Imago.
Jeffers, S. *Como Superar o Medo*, Cultrix.
Peiffer, V. *Pensamento Positivo*, Objetiva.
Sheehan, E. *Health Essentials: Self-Hypnosis. Effective Techniques for Everyday Problems*, Element Books.
Stanton, H. E. *A Guide to More Relaxed Living. The Stress Factor*, MacDonald Optima.

REFERÊNCIAS

Bach, R. *Ilusões*, Record.
Bandler, R., e Grinder J. *Sapos em Príncipes. Programação Neurolingüística*. Summus Editorial.
Bowlby, J. *Formação e Rompimento de Laços*, Martins Fontes.

---

* No caso de livros já publicados no Brasil, colocamos apenas o título da obra em português com sua respectiva editora.

Bresler, D. E. "Meeting an Inner Adviser", in: D. C. Hammond (ed.), *Handbook of Hypnotic Suggestions and Metaphors, An American Society of Clinical Hypnosis Book*, W. W., Norton & Co.

Caddy, E. *Abrindo Portas Interiores*, Triom.

Clark, D. M., Salkovskis, P. M., Hackmann, A., Middleton, H., Anastasiades, P., e Gelder, M. "A Comparison of Cognitive Therapy, Applied Relaxation and Imipramine in the Treatment of Panic Disorder", *British Journal of Psychiatry*, 164:759-769, 1994.

Collier, J. (ed.) "Psychological Treatment for Anxiety — An Alternative to Drugs? Drug and Therapeutics Bulletin, *The Independent Review For Doctors And Pharmacists From Consumers, Association*, 31:73-74, 1993.

Coryell, W., e Winokur, G. *The Clinical Management of Anxiety Disorders*, Oxford University Press.

Cousins, N. *Cura-te pela Cabeça*, Saraiva.

Ellis, A. A., e Harper, R. A., *A Guide to Rational Living*, Institute for Rational Living.

Eriksson, B. O., Mellstrand, T., Peterson, L., Remstrom, P. & Svedmyr, N. *Sports Medicine, Health and Medication*, Guinness Publishing.

Gawain, S. *Visualização Criativa*, Pensamento.

Hambly, K. *Banish Anxiety*, Thorsons.

Hay, L. L. *O Poder Dentro de Você*, Best Seller.

Holmes, T. H., e Rahe, R. H. "The Social Re-adjustment Rating Scale". *Journal of Psychosomatic Research*, 11:213-218, 1967.

Jacobson, E. *Relax: Como Vencer as Tensões*, Cultrix.

James, W. *The Principles of Psychology*, Holt.

Jencks, B. "Methods of Relaxed Breathing", in: D. C. Hammond (ed.), *Handbook of Hypnotic Suggestion and Metaphors*, An American Society of Clinical Hypnosis Book, W. W. Norton & Co.

Kabat-Zinn, J., Massion, A. O., Kristeller, W. R. & Santorelli, S. F. "Effectiveness of a Meditation — Based Stress Reduction Program in the Treatment of Anxiety Disorders". *American Journal of Psychiatry*, 149:936-943, 1992.

Lazarus, R. S., e Folkman, S. *Stress, Appraisal and Coping*, Sringer.

Martinsen, E. W. *Physical Fitness*. "Anxiety and Depression", *British Journal of Hospital Medicine*, 43:194-199, 1990.

Pavlov, I. P. *Reflexo Condicionado*, Zahar.

Prather, D. C. "Promoted Mental Practice as a Flight Simulator", *Journal of Applied Psychology*, 57:353-355, 1973.

Roger, J. & McWilliams, P. *You Can't Afford The Luxury of a Negative Thought*, Thorsons.

Rusk, T., e Read, R. *I Want to Change But I Don't Know How. A Step-by-step Programme for Mastering Life*, Thorsons.

Snaith, P. *Clinical Neurosis. Second Edition*, Oxford University Press.

Stafford-Clark, D., Bridges, P., e Black, D. *Psychiatry for Students. Seventh Edition*, Unwin Hyman, 1990.

Watson, J. B., e Rayner, R. "Conditioned Emotional Reactions", *Journal of Experimental Psychology*, 3:1-16, 1920.

Yerkes, R. M., e Dodson, J. D. "The Relation of Strength of Stimulus to Rapidity of Habit-formation", *Journal of Comparative and Neurological Psychology*, 18:459-482, 1908.

Índice Remissivo

acupressão, 99, 100
acupuntura, 99
ajuda da família, 108
amizade positiva, 96
âncora serena", 57, 8, 73-4
ansiedade como resposta adquirida, 10, 20, 57
ansiedade sexual, 56-7
ataques de pânico, 15-7, 23, 27, 30, 44-5, 76, 99
assertividade, 94
auto-hipnose, 27, 59, 63-9
    precauções, 68

betabloqueadores, 104-6

cartões com lembretes 47
condicionamento clássico, 21

dieta, 96-8

ensaio mental, 51
ervas, 97
escala de acontecimentos da vida, 25
espírito afirmativo, 94

estratégia de enfrentamento, 24, 27, 81
exercício, 97-9
expectativa realista, 29, 31, 85

fazendo um diário, 95
fobias, 17, 20-1, 71, 78, 108
    agorafobia, 14, 16-7, 26, 30, 33, 60
    simples, 14, 18
    social, 14, 17, 52

hipnose, 59, 62-6, 68
hipnoterapia, 62-3, 68
massagem, 99, 100-1
mente subconsciente, 37-8, 41-2, 63-4, 66-7, 87-9, 90

Pavlov, Ivan, 21
pensamento positivo, 38, 44, 47-8
pensamentos e ações negativas, 27, 40, 42-5
    lembranças negativas, 71-6, 80
    método "pare", 42-4, 47
    reenquadramento, 40
    superando-os, 44-6

postura, 100
Programação Neurolingüística (PNL), 43, 53, 73, 75, 78, 87
projeção positiva, 52
psicoterapia, 26, 103, 106

reação "lutar ou fugir", 11-3, 15, 39, 97, 106
reenquadramento consciente, 87-9, 90
reenquadramento, 40
relaxamento, 27, 59, 62, 65, 68, 83
relaxamento progressivo do corpo, 59, 62
remédios antidepressivos, 104-6
remédios, 22, 26, 103-6
respiração de relaxamento, 59, 60, 69, 70
rir como remédio, 96

síndrome do pânico, 15
sistema nervoso autônomo, 12, 15, 37

técnica "e se...", 81
técnica da troca, 53-5, 57
teoria psicoanalítica, 20, 94

terapia, 27
  cognitiva, 27
  dessensibilização sistemática, 82
  técnica do conselheiro interior, 86-7
tranqüilizantes, 104
transtorno de ansiedade, 13-4, 19, 23-4, 26, 34, 37, 59, 71, 78, 86, 88, 91-2, 105, 107
  capacidade de evitar problemas, 19, 23
  conflitos internos, 19, 20
  criação infantil, 19, 20
  definição, 13-4
  determinantes sociais, 19, 23
  fatores físicos, 19, 22, 106
  predisposição genética, 19
  solilóquios, 22, 23, 38-41, 66
transtorno de ansiedade generalizada, 14, 26, 60, 106
transtorno do pânico, 14-6, 23, 26, 60
tratamento médico, 26, 103
tratamento psicológico, 26, 107

visualização positiva, 44, 49, 50-3, 64, 66
vitaminas, 96-8

A autora

Elaine Sheehan é formada em Psicologia Aplicada com especialização clínica em hipnoterapia e psicoterapia. Além de atender em seu consultório particular, trabalha para grandes empresas e presta serviços comunitários de saúde mental, Atualmente prepara cursos para essas áreas. É conferencista e orientadora de terapeutas para o *British Hypnosis Research Center* (Centro Britânico de Pesquisa da Hipnose), oferecendo cursos e treinamentos em hospitais no Reino Unido. É autora do livro *Health Essentials: Self-Hypnosis* (Saúde Essencial: Auto-Hipnose).

Elaine Sheehan pode ser contatada no seguinte endereço: The Hypnotherapy Register, National Council of Psychotherapists, 46, Oxhey Road, Watford, Herts, WD1 4QQ, Reino Unido, tel. 01923 227772.

LEIA TAMBÉM

ANOREXIA E BULIMIA
Julia Buckroyd

Nos últimos 25 anos, a anorexia e a bulimia transformaram-se em endemias entre os jovens do mundo ocidental. O livro traz informações atualizadas sobre o assunto, que ainda é pouco conhecido e que atinge uma enorme camada de jovens entre 15 e 25 anos de idade. A autora esclarece como a sociedade e a cultura colaboram com a criação dessas doenças, descreve os sintomas, as conseqüências e também como ajudar no âmbito familiar e profissional. REF. 20710.

DEPRESSÃO
Sue Breton

A depressão cobre uma vasta gama de emoções, desde o abatimento por um episódio do cotidiano até o forte impulso suicida. Este guia mostra os diferentes tipos de depressão e explica os sentimentos que os caracterizam, para ajudar os familiares e os profissionais a entender a pessoa em depressão. Ensina também como ajudar a si mesmo e a outros depressivos. REF. 20705.

ESTRESSE
Rochelle Simmons

Informações de caráter prático sobre este "mal do século" tão citado e pouco entendido. Descreve a natureza do estresse, técnicas de relaxamento e respiração, ensina a acalmar os sentidos e a gerenciar o estresse de forma positiva. REF. 20708.

LUTO
Ursula Markham

Todos nós, mais cedo ou mais tarde, vamos ter de lidar com a perda de alguma pessoa querida. Alguns enfrentarão o luto com sabedoria inata; outros, encontrarão dificuldades em retomar suas vidas. Este livro ajuda o leitor a entender os estágios do luto, principalmente nos casos mais difíceis como os das crianças enlutadas, a perda de um filho ou, ainda, os casos de suicídio. REF. 20712.

TIMIDEZ
Linne Crawford e Linda Taylor

A timidez excessiva interfere na vida profissional, social e emocional das pessoas. Este livro mostra como identificar o problema e como quebrar os padrões de comportamento autodestrutivos da timidez. Apresenta conselhos e técnicas simples e poderosas para enfrentar as mais diversas situações. REF. 20706.

TRAUMAS DE INFÂNCIA
Ursula Markham

Um trauma de infância pode ter sido causado pela ação deliberada de uma pessoa ou pode ter ocorrido acidentalmente. A autora mostra como identificar esse trauma e como lidar com ele por meio de exercícios e estudos de caso. O número de pessoas que sofreu alguma situação traumática na infância é imenso e a leitura deste livro poderá ajudá-las a superar e a melhorar sua qualidade de vida. REF. 20709.

VÍCIOS
Deirdre Boyd

Os vícios – álcool, drogas, sexo, jogo, alimentos e fanatismos – constituem um dos maiores problemas a enfrentar atualmente no mundo todo. Eles comprometem a vida de pessoas de idades e classes sociais variadas, tanto as adictas quanto seus familiares e companheiros. O guia mostra os últimos estudos sobre as origens dos vícios, suas similaridades e como lidar com cada um deles. REF. 20711.

www.gruposummus.com.br